京都のごはん

よろしゅうおあがり

大原千鶴

文化出版局

山どうどう
川とうとう

目次

6 料理をする気持ち、大切にしとおくれやす

8 おばんざいについて

10 たいたんって知ったはりますか？

じゃこと万願寺とうがらしのたいたん 10 12

厚揚げとトマトのたいたん 11 12

13 おだしの話

基本のだしのとり方 13

昆布水　かつお節の熱湯かけ 13

塩豚と小かぶのたいたん 14 16

小松菜とお揚げと桜えびのたいたん 14 16

金時にんじんのたいたん 15 17

鶏つくねと丸大根のたいたん 15 17

18 すり流しは、うちの万能スープです

冷しとろろ汁 18 20

コーンのすり流し 19 20

かぶのすり流し 22 24

えんどう豆の冷たいすり流し 23 24

25 調味料の話

26 お肉はあっさりが好きです

コリコリあっさり牛すじ 26 28

牛ヒレ肉のしゃぶしゃぶ 27 28

自家製ぽん酢 28

29 あしらいの話

和風ローストポーク 30 32

ロールキャベツ 30 32

鶏の柚子こしょう焼き 31 33

肉みそ葉っぱまきまき 31 33

34 千鶴流豆腐五珍

豆腐みぞれあんかけ丼 34 36

豆腐のみそ漬け 35 36 38

揚出し豆腐 38 40

豆腐ステーキ黒酢ソース 39 40

おぼろ豆腐と卵のあんかけ 39 40

42 白みそで、はんなりご飯

湯葉汁 42 44

豆乳白みそグラタン 43 44

京風てっちり 45 46 47

ふぐのスープ 45 46

48 忘れられへん山の味

地山焼き 49 105

春　焼きたけのこ 50 105

山菜てんぷら 50 106

夏　小鮎のてんぷら 52 106

小芋の衣かつぎ 52 107

枝豆の塩ゆで 52 107

秋　鶏とまつたけのすきやき 55 107

冬　ぶり大根 57 108

かす汁 57 108

58 家の味。こんなん食べたいやろか？

60 京都の野菜礼賛！

60 京風でちょこっと

菊菜とりんごとくるみの白あえ 60 62

大根の梅のりあえ　61　62
焼きしいたけとほうれん草の柚子びたし　61　63
アスパラのごまあえ　61　63
てっぱい　61　63

64　サラダでメインと
白菜のサラダ　ぐじの揚焼き　64　66
にんじんと赤かぶと水菜のサラダ　65　66
かぼちゃとさつまいもとブロッコリーのサラダ　65　67
小かぶの丸ごとサラダ　65　67
コールスローサラダ　65　67

68　ナムルでご飯と
ピビンパ　わかめのスープ　68　70
大根のナムル　68　70
干しわらびのナムル　68　70
もやしとほうれん草のナムル　69　71
にんじんのナムル　69　71
蒸しなすのナムル　69　71
きゅうりのナムル　69　71

72　朝ご飯でたっぷりと
さつま汁　焼き塩さば　だし巻き　72　74
野菜のポタージュ　73　75
お残りのチゲ　73　75

76　いつものうちのおつまみです
クリームチーズとプチトマト　76　78
生ハムといちじく　76　78
野菜チップス　77　79
ピーナッツみそ　77　79
紅しょうが　77　79

80　ご飯にも旬があります
春　桜えびご飯　80　82
夏　しょうがご飯　81　82
コーンご飯　81　83
秋　さばずし　84　86
切干し大根ご飯　83　84
冬　じゃことすぐきの混ぜご飯　85　86
蒸しずし　85　87

88　お豆さんはえらいっ！
大豆のチリコンカン　88　91
五目豆　89　91
大豆のサラダ　89　94
ゆでたて豆　90
金時豆甘煮　92　94
いろいろ豆スープ　92　95
赤飯　93　95

96　今日は一緒にご飯作ろか
子どもの巻きずし　96　98
ひじきのかき揚げ　97　98
きゅうりポリポリ　97　99
おすましいろいろ　97　99

100　ちょこっと甘いもん
青梅煮　100　102
しっとり蒸しケーキ　101　102
柚子くず湯　104

110　きょうもどこかで……

計量の単位
大さじ1＝15ml
小さじ1＝5ml
1合＝180ml
1ml＝1cc

私は京都市内から車で一時間はかかる花背という山中の、料理旅館をしている家に生まれ育ちました。大雪の日で母は病院に行くこともできず、家に産婆さんに来てもらって生まれたそうです。今どき家でお産って……。母も大変な思いをして私を生んでくれたのだと思います。もの心ついたころの私の周りはお客さまのために一生懸命働く大家族と、おくどさんから立ち上る膨大な湯気と、七輪にかけた大鍋がかもし出すだしの香りと、やわらかな緑の木々ときれいな水と真っ白な雪……、すべてがとても厳しくも美しいものばかりでした。子ども心にもお客さまが多くてお店がにぎわっているとうれしくて、山菜の掃除やおしぼり巻きなど、できることは何でも手伝いました。

小学校に入ると夕食は自分たちで作って食べました。大人を待っていると遅くなるので苦肉の策です。それが私の料理人生の始まりでした。四年生になるころには、休みの日は二十人分のまかないを作ったりするようになります。うそか本当か、皆が「おいしい」と言ってくれるのがうれしくて、夢中でいろいろな料理に挑戦しました。本でしか見たことのないお菓子やお料理を作るんですもの、時には「なんじゃこりゃ？」っていうのもありましたが、料理を作り、皆といただきながらおしゃべりをして……。こんな普通のことが心から楽しいと思えました。今でも部屋の窓を開けたとき、どこからか食事の用意をしている器やカトラリーのふれ合う音が聞こえると幸せを感じます。誰かが誰かのために料理を作っている。たとえそれが自分のためであってもそこには愛を感じます。農家の人、漁師の人、お店の人、作る人、食べる人、皆の思いが集まって食事は成立します。

私は作ることも食べることも、料理ほど人の心を豊かにしてくれるものはないと思っています。豪華なものでなくても日々の暮らしの中で食事を大切にしていくことが心をはぐくみますし、人を寂しさから救うことができます。人の心にとって、いちばんつらい感情は寂しさだと私は考えます。心のこもった食事をとってむだ話をするだけで人の心は落着きを取り戻すものですよね。そんなつらい心を持つ人が少しでも少なくなるように、死ぬまで誰かに料理を作っていたい。四十歳を少し過ぎてやっと自分が見えてきた気がします。

料理をする気持ち、大切にしとおくれやす

こんな私の普段のお料理です。
普通の主婦の身近なものばかりですが、
一品でもお目にとまるものがありましたら幸いです。

おばんざいについて

おばんざいって皆さん知ったはりますよね？　いわゆる京都の一般家庭のおかずのことです。京都人はいつでも懐石を食べているように勘違いなさっている方がまだまだ多いように思いますが、あれは京都の人にとってはハレの日の食べ物で、ケ（普段）の日はとてもつつましい食事をしています。大体が野菜中心で少しの汐物のお魚かお豆腐類。質素に思えるそんな食事も、おだしをしっかりときかせることで、おいしいご馳走になるように工夫が凝らされています。

私の住む中京区辺りにも京都の美しい文化を支えてはる職人さんが数多く住んではります。自宅とお仕事場を一緒にしてはるお家も多いので、朝、昼、晩と皆家族が一緒に食卓を囲まはります。奥さまもお仕事を手伝ってはる方がほとんどなので三食ともそんなに手間をかけてはいられません。なのでおばんざいは特別なお料理ではなく、さっと作れておいしく、しかも「始末」のきいたお料理のことなんです。

「始末しいや」京都の人はよう言わはります。「始末」とは節約でもケチでもなく、むだがないという意味やと私は思てます。今の京都の若いお母さん方は別に昔からのおばんざいを毎日作ってはるわけではありません。フレンチにイタリアン、中華に韓国料理。おいしいと思うお料理をどんどん作ってはります。でも、家族のために用事をこなしながらパッパッと作るその一皿も、「始末」がきいていれば立派なおばんざいになるのではないかなぁ。おばんざいは普段に家族のために作る、体にいい料理のことなんですから。

たいたんって知ったはりますか？

いつものご飯は、ご飯とお汁とたいたんとお魚とおあえ。いわゆる一汁三菜です。たいたんさえあればあとはさっさと作れるものばかり。私は今、大人二人に小学二年生、一年生の男の子と三歳の女の子の普通の五人家族ですが、大家族の時期が長かったせいか大きなお鍋に一度にたくさんたいたんを作ります。当然一度に食べきれませんが、たいたんがあれば急な来客があっても「ご飯食べていってください」と堂々と言えます。時分時にお人がいらしているのにそのまま返すなんてことはあってはならないことですし、店屋物をとるのもお人に気をつかわせてしまいます。「あり合せですけど」そう言ってたいたんとご飯と、お魚がなければだし巻きだけちゃっちゃと巻いてお出しするだけで、和みご飯のでき上りです。主人のお客さまでいつもあまり家庭料理を食べてはらへん若い人などは泣いて喜ばはりますし、私のお友達などはそのほうが気楽に長しゃべりができますからね。えっ、たいたんって何かって？　ずばり、煮物のことです。今日からたくさんたいたん作って皆さんで幸せを分け合ってください。

じゃこと
万願寺とうがらしのたいたん

厚揚げとトマトのたいたん

じゃこと万願寺とうがらしのたいたん

京都の夏のおばんざいの定番です。自慢じゃないですが、このレシピは自分で黄金レシピと自負しています（やっぱり自慢？）。とうがらしの強い香りからは、京都の暑い夏を乗り越える元気がもらえる気がします。とうがらしはどんなものでも。ピーマンでもおいしくできますよ。

〈材料　4人分〉
万願寺とうがらし　200g
ちりめんじゃこ　大さじ2
ごま油　大さじ1
だし　100mℓ
みりん　小さじ2
うす口しょうゆ　大さじ1
酒　小さじ2

〈作り方〉
① とうがらしは洗って縦半分に切って種を取り、半分に切る。
② 鍋にごま油を熱し、とうがらしとちりめんじゃこを入れてさっと炒めて、だし、調味料と酒を入れて5分ほど煮る。そのまま冷ます。

厚揚げとトマトのたいたん

私はトマトが大好きで、特に火を通したトマトがかもし出すうまみはおだしのおいしさに匹敵すると思います。オイルを使わず、トマトのうまみとだしのおいしさを一度に味わえる簡単レシピです。厚揚げなしのトマトのみでもおいしく作れますよ。冷たくしてもよしです。

〈材料　4人分〉
トマト　小4個（約400g）
絹厚揚げ　2丁
（なければ普通の厚揚げでもいい。三角の厚揚げの場合は、4個用意する）
長ねぎ　5cm
だし　600mℓ
うす口しょうゆ　小さじ2
塩　小さじ½

〈作り方〉
① トマトは洗って湯むきし、へたのついているかたいところは包丁の先でくりぬく。厚揚げは四つに切る。
② 長ねぎは縦半分に切ってからせん切りにして、水にさらしておく。
③ 小鍋に分量のだしを入れて火にかけ、沸いたらうす口しょうゆ、塩を入れ、①のトマトと厚揚げを入れてまた沸いたら火を弱火に落とし、5分煮る。器に盛り、仕上げに②の白髪ねぎを水気をよくきってのせる。

おだしの話

和食の基本はおだし。おだしがおいしいかどうかで料理の味は決まります。世界中でいちばん簡単に出せるうまみスープなのですが、せわしない世の中になってしまった今、料理のたびに毎回おだしをとるのは私でもやっぱり面倒です。基本的に私の場合は冷蔵庫に昆布水を常備しておくのと、朝一番にだいたい一リットルくらいの昆布とかつおのおだしを一度にとります。一リットルあれば、おみそ汁とちょっとしたたいたんとあえたんくらいはできます。残れば冷蔵庫に入れて次の日に回します。あと少し、すぐおだしがいるときは必殺熱湯かけをしてその場をしのぎます。でもおすましのおつゆなどの特別なとき以外はだしパックを使うのもいいと私は思てます。いつも安定しただしがとれるのでお味加減が定まりやすい利点もあります。ご自分に合った方法でおだし生活、始めてください。

基本のだしのとり方

水1ℓ、さっと洗った昆布10cmを鍋に入れ、1時間ほどおく。代りに昆布水を使ってもいい。中火にかけて沸いたら火を弱め、かつお節15gを入れて10秒したら火を止め、絞らないでこす。

昆布水

冷水ポットに昆布と水を入れて冷蔵庫へ。半日後から使える。冷蔵庫で5日ほどは保存可能。昆布水を使ったらそのつど水を足して3回転ほどは使える。基本のだしをとるときもこの昆布水を使うと味がいい。使い終わった昆布は、細かく刻んで鍋に入れ、酒と水をひたひたになるまで加える。やわらかくなるまで炊いてから、砂糖を入れて15分、濃口しょうゆを入れて1〜2時間ごく弱火(できればIH)で煮るとつくだ煮になる。

かつお節の熱湯かけ

ざるにかつお節をふんわりひとつかみ入れて、上から熱湯を700mlほどかける。

◎ 熱湯をかけた後のかつお節は絞らない。

塩豚と小かぶのたいたん

小松菜とお揚げと桜えびのたいたん

金時にんじんの
たいたん

鶏つくねと
丸大根のたいたん

塩豚と小かぶのたいたん

子どもたちが大好きなハムやベーコンはおいしくて便利だけれど添加物が気になります。そこでベーコンの代りに我が家でなくてはならないのがこの塩豚。小かぶだけでなく、キャベツや白菜、大根、豆、芋、何にでもよく合い、とてもいいだしを出してくれます。豚に合うのはやっぱり昆布だし。お汁もたっぷりあつあつをおあがりやす。

〈材料　4人分〉

塩豚　100g
小かぶ　4個(約400g)
昆布　7㎝
水　600mℓ
酒　大さじ2
塩　小さじ½
青ねぎ　適量
黒こしょう　適量

〈塩豚の作り方〉

豚バラ肉(かたまり)　300g
塩　大さじ2

豚肉に塩をまぶしつけ、キッチンペーパーで巻いてラップフィルムをかけて冷蔵庫に入れておく。半日後から使えて、2週間くらいもつ。今回は100g使用。他に炒め物などベーコンの代りに幅広く使える。

〈作り方〉

① 昆布はさっと洗い、分量の水とともに鍋に入れておく(できれば3時間以上)。
② 小かぶは葉をつけ根から切り落とし、厚めに皮をむく。
③ ②の小かぶを①の鍋の昆布の上にのせるように入れる。中火にかけ、だしが沸いてきたら5㎜幅に切った塩豚と酒を入れてあくを取り、味をみて塩を入れて弱火に落とし、5分炊く。火を止め、そのまま冷まして味を含ませる。
④ ③の鍋を再び火にかけ、小かぶが温まったら器に盛りつけ、刻んだ青ねぎとつぶした黒こしょうをふる。

小松菜とお揚げと桜えびのたいたん

小松菜は緑黄色葉物野菜の中ではあくが少なく使いやすい食材です。下ゆでなしで栄養分もそのまま、桜えびのカルシウムも合わさった万能おかずです。ささっと作れるのも魅力で、もう一品こんなおかずをプラスしていくと一日の野菜摂取量が自然と増えますね。

〈材料　4人分〉

小松菜　1束(約400g)
油揚げ　½枚(80g)
桜えび　大さじ3
サラダ油　小さじ2
だし　200mℓ
みりん　大さじ1⅓
うす口しょうゆ　大さじ1⅓

〈作り方〉

① 小松菜は洗って3㎝の長さに切る。油揚げはせん切りにする。
② 鍋にサラダ油を入れて火にかけ、鍋が温まったら小松菜、油揚げ、桜えびの順に軽く炒め、だしとみりん、うす口しょうゆを入れて軽く2〜3分煮て、そのまま冷ます。

金時にんじんのたいたん

市場に金時にんじんが出はじめると「そろそろお節の準備しなあかん……」と気がせきます。いつもは梅形に抜いたにんじんでお節に使っているレシピです。でも金時にんじんの独特の風味と甘みはお節だけではもったいないので、切り方を変えておかずにどうぞ。意外とお酒に合うんですよ、これが。

〈材料　４人分〉
金時にんじん　½本
だし　３００mℓ
酒、みりん、うす口しょうゆ　各大さじ1

〈作り方〉
① 金時にんじんは皮をむいて1.5cm角、10cm長さのスティック状に切って、水からやわらかくなるまでゆでる。
② 鍋にだしと水気をきった①の金時にんじんを入れて火にかけ、沸いたら酒、みりん、うす口しょうゆを入れて、10分煮て火を止め、そのまま冷ます。
③ 器に盛りつけ、好みで削りがつおをあしらう。

鶏つくねと丸大根のたいたん

関西で冬になると出回る丸大根。人の顔より大きな丸い大根で、普通の大根よりずっとやわらかくおいしく炊けます。おろしなどには不向きですが、炊くのは丸大根が絶対！　皮はかたいので厚めにむきます。むいた皮は、刻んで塩をして重しをかけて一晩おいたら即席漬物に！　あれこれお試しください。

〈材料　４人分〉
丸大根　¼個(約７００g)
だし　６００mℓ
酒　大さじ2
うす口しょうゆ　大さじ1⅓
〈鶏つくね〉
鶏胸肉(ひき肉)　２００g
長ねぎ(みじん切り)　大さじ2
塩　小さじ½
かたくり粉、ごま油　各小さじ2

〈作り方〉
① 丸大根は2cm幅に切って厚く皮をむき、半分に切って米のとぎ汁で水から約20分ゆでる。竹串がすっと通るくらいになったら水で洗い、鍋にだしとともに入れて火にかける。
② 鶏つくねの材料をすべてボウルに入れ、粘りが出るまで手でかき回す。
③ ①のだしが沸いたら酒、うす口しょうゆを入れ、また沸いたら②の鶏つくねを水でぬらしたスプーンで直径2.5cmくらいの大きさにすくいながらポトンポトンと入れていく。中火で15分煮て火を止め、そのまま冷まし、いただくときに再び温める。好みで柚子の皮のせん切りをあしらう。

◎ 丸大根がなければ普通の大根でも充分。

冷しとろろ汁

すり流しは、うちの万能スープです

子どもに離乳食が必要だったころ、義母に介護食を作っていた時期、主人のおなかがちょっとゆるいとき、子どもが風邪を引いたとき、誰かが少し疲れてしんどいとき、私は決まっておかゆを炊きます。でもおかゆだけではもの足りないですよね。そこでこんなすり流しをよく作りました。体調がいいときでもとってもおいしいものですが、体調が優れないときはなおのこと。そのおいしさが体にしみわたります。味の秘密は裏ごししたり、豆の皮を一粒ずつむいたりするちょっとした手間。それが優しい味に変わっていくように思います。お人が来られるときもこんなすり流しがあれば、「ようこそおこしやす」の気持ちが自然と伝わる気がします。

コーンのすり流し

冷しとろろ汁

とろろは滋養が高く、あっさりとした味わいの優秀な食材です。食欲のなくなる夏の暑い時季に冷たく冷やしてどうぞ。でも必ずつくね芋で作ってください。長芋はだめですよ。

〈材料　4人分〉
つくね芋　1/4個(150g)
だし　400mℓ
うす口しょうゆ　小さじ1
塩　少々
練り梅　適量

〈作り方〉
① だしは沸かしてうす口しょうゆ、塩で味を調え、冷ましておく。
② つくね芋は皮をむき、なるべく目の細かいおろし金ですりおろす。
③ ①のだしを②に少しずつ入れてのばす。
④ 冷蔵庫で冷やす。仕上げに練り梅をのせる。

コーンのすり流し

最近の品種改良で驚くほどおいしくなったとうもろこしの、そのおいしさを堪能できるレシピです。水と塩だけ?!と誰もが驚いてくれます。目の細かいシノワで裏ごしするのが唯一のこつです。生とうもろこしのシーズン以外は冷凍コーンでもおいしくできます。

〈材料　4人分〉
とうもろこし　2本(実だけで250g)
水　200mℓ
塩　小さじ1/2

〈作り方〉
① とうもろこしは皮をむき、5等分に輪切りにして皿にのせ、ラップフィルムをかけて600Wの電子レンジで5分加熱する。
② 粗熱が取れたら包丁で実をそぎ取る。
③ ②の実と分量の水をミキサーに入れて、なめらかになるまで攪拌する。
④ 目の細かいざる(あればシノワ)で③をこす。沸かさないように温めて塩で味をつける。

◎ 今回のトッピングはかぶの葉のピューレー(ゆでたかぶの葉とオリーブオイルと塩少々をミキサーにかけたもの)。

ごしごし、とろん

かぶのすり流し

えんどう豆の冷たいすり流し

かぶのすり流し

かぶは生でもさっと炊いてもおいしいですが、こんなふうにとろとろに炊いてしまうのもまた違ったおいしさがあります。鶏の胸肉でとるあっさりとした上品なスープで炊きました。風邪ぎみのときや寒い夜にぜひどうぞ。

〈材料　4人分〉
かぶ　½個(約200g)
チキンスープ　400mℓ
かぶの葉　少々
塩　小さじ½

〈チキンスープのとり方〉
鍋に鶏の胸肉150gと水1ℓを入れて強火にかけ、沸いたら弱火にしてあくを取りながら40分煮る。約600mℓのスープができる。

〈作り方〉
① かぶは厚めに皮をむき、一口大に切って、チキンスープでくたくたになるまで炊く(約20分)。
② かぶの葉はみじん切りにして、塩少々(分量外)でもんで絞っておく。
③ ①をミキサーにかける。
④ ③を鍋に戻して温め、塩で味を調える。
⑤ ④を器に盛り、②のかぶの葉を飾る。

えんどう豆の冷たいすり流し

えんどう豆も甘くておいしい野菜ですね。本当は五月ごろが旬ですが、最近は二月ごろには出はじめます。もう少し待って地のもんが出てから……と思うのですが、毎年我慢できずにハウスのものに手を出してしまいます。なのでけっこう長い間、豆ご飯にしたり、卵とじにしたり、バターでさっと炒めたりといろいろ楽しませてもらっています。このすり流しは豆の皮をむくのが少し面倒ですが、その一手間がおいしさを引き出しますので、もうひとふんばりきばっとおくれやす。

〈材料　4人分〉
えんどう豆(さやつき)　400g
昆布水(13ページ参照)　200mℓ
塩　小さじ¼
ご飯　大さじ1
練りごま(白)　大さじ1

〈飾り用〉
えんどう豆(さやつき)　適量
揚げ油　適量

〈作り方〉
① えんどう豆はさやごとさっと洗って、少量の塩(分量外)を入れた熱湯でさやのまま3分ゆでてざるに上げ、粗熱が取れたらさやと中の実の薄皮をむく(仕上りは約120g)。
② ①と昆布水と塩、ご飯、練りごまを鍋に入れて、練りごまを溶かしながら一度沸かす。沸いたら少し冷ましてからなめらかになるまでミキサーにかける。
③ 仕上げに飾り用のえんどう豆をさやから出して160℃の油で素揚げにしたものを飾る。

調味料の話

調味料。料理を作るうえでとても大切なものですよね。濃口しょうゆひとつとっても、ものすごくたくさんのブランドがあって、こだわりのものもすごくたくさんあります。でも私はこんなふうに割と普通のものを使うてます。確かに「あ〜っ。このおしょうゆ、おいしい〜」と思うものはたくさんあるのですが、なかなか自分の使い慣れたものから替えることができないでいます。なぜかというと、私をはじめ毎日お料理する方っていちいち調味料の分量を量りませんよね。なので調味料を替えると味が変わって勘に頼れなくなってしまうんです。それになじむまでが我慢できず、ずーっとこのまま。

でも、なんだか私の周りの京都人も濃口はキッコーマンでうす口はヒガシマル、みりんはタカラって方が多いんです。いったい誰が決めたんやろ……。

ともあれ調味料はお気に入りのものを使い続けるほうが自分の味が定まりやすいとは思います。あと特に夏場はおしょうゆとおみそは冷蔵庫に入れてください。知らないうちの変質でせっかくのお料理が台なしになったらあきませんから。

コリコリ あっさり牛すじ

お肉は あっさりが好きです

お肉っておだしやおしょうゆにとってもよく合いますよね。おまけにご飯とは栄養学的に見ても好相性なんだそうです。わたしは本当に好き嫌いがなく、お野菜だけでなくお肉もお魚も大好きですが、年齢とともに脂身の多いお肉はちょっと控えるようになってきました。ステーキやビーフシチューなどもいいのですが、自分で作るとやっぱり和風がおいしいなって思います。不要な脂は控えつつ、食べごたえがあって後がもたれない私流のお肉料理です。

牛ヒレ肉のしゃぶしゃぶ

コリコリあっさり牛すじ

義母はとても歯が丈夫で、するめやなまこなど、かみごたえのあるものがとてもお好きでした。牛すじもよくあるとろとろに炊いた脂の多いものよりも、このようにしっかりと下処理をして脂を取り、歯ごたえを残したもののほうが好きだとよく話していました。結婚当初から義母は体を悪くしていたために料理を教えてもらうことは残念ながらできませんでしたが、これは義母の妹さんに教わりました。やはり同じ家で育っただけあって、義母に「この味や」と言ってもらえたうれしい思い出のレシピです。

〈材料　作りやすい分量〉
牛すじ　1kg
にんにく　5かけ
酒　２００mℓ
砂糖　大さじ3
濃口しょうゆ　大さじ3
コチュジャン　大さじ1

〈作り方〉
① 大きな鍋にお湯をたっぷりと沸かし、牛すじを入れて軽くゆでる（中まで火が通っていなくてもいい）。
② ①の牛すじをざるに上げて粗熱を取ってから、かたすぎるすじと脂の部分を取り除きながら2cm角くらいの大きさに切る。
③ 鍋に分量の酒と調味料を入れ、②の牛すじとにんにくを加えて中火にかける。だんだん煮えてきて肉に火が通り、こってりと煮つまるまで木べらで混ぜながら煮上げていく。好みで仕上げにせりを添える。

◎ これはよくある牛すじの煮込みのようにゆるゆるにやわらかく炊くのではなく、コリコリとした食感を楽しむ料理。やわらかいのがお好みであれば、この分量で圧力鍋で蒸気が出てから15分炊くといい。

牛ヒレ肉のしゃぶしゃぶ

年齢がいってくると、若いときにはあんなにおいしかったロース肉の代りに赤身の肉を好むようになりますが、焼くだけだとヒレ肉はぱさついておいしくなくなってしまうことがよくあります。そこで誰がやっても絶対おいしくできるヒレ肉の食べ方を考えてみました。もも肉でもできますが、ぜひ一度は奮発してヒレ肉で作ってください。お箸で肉を切りながら食べられる驚きのおいしさです。

〈材料　4人分〉
牛ヒレ肉　６００g
大根おろし　適量
青じそ　適量
自家製ぽん酢　適量

〈作り方〉
① 牛ヒレ肉は繊維を切るように5mm厚さにスライスする。
② 青じそはせん切りにして水に放し、絞っておく。
③ 鍋に湯を沸かし、①の牛ヒレ肉を表面がきちんと白くなる程度にゆでて、ざるに上げる。
④ ③の肉と大根おろしと②の青じそを順番に重ねていき、最後にぽん酢をどーっとかける。

自家製ぽん酢

みりん50mℓ、濃口しょうゆ１００mℓ、水１００mℓ、かつお節ふんわり1カップを小鍋に入れて、一煮立ちさせ、こして冷ます。すだち、かぼす、柚子のしぼり汁を合わせて50mℓ入れて混ぜる。

◎ 柑橘類はレモン、ライム、すだち、かぼす、柚子、橙《だいだい》、グレープフルーツの順にみかんらしい味になるので、しぼり汁を1種類ではなく3種類以上、バランスをみながら入れるといい。

あしらいの話

「あしらいの使い方が上手」って人に言われたことがあります。全然意識していなかったので、「えっ。そぉ？」って感じでしたが、言われてみればぉ料理屋さんで育ったせいか、あたりまえのように季節の香りを大切にするあしらいの使い方が身についていったようです。せっかくたけのこを炊いても木の芽がなければ私にとってはマイナス五十点。価値が半分になってしまうんです。逆にいうと、多少の手抜き料理でも香りのある季節のあしらいがあればプラス五十点、大逆転です。料理をしているときも香りのものがあると気分がのってくるように思います。なので冷蔵庫の野菜室には季節ごとの香りのものをきらしません。時には使いきれなくてしわしわにしてしまうこともありますが、そんなときは、だし用の袋に入れてお風呂にポン。柚子や青じそなど和のアロマがなかなかいい感じですよ。

和風ローストポーク

ロールキャベツ

鶏の柚子こしょう焼き

肉みそ葉っぱまきまき

和風ローストポーク

「豚肉はよく火を通しなさい」と母がいつもうるさく言っていたので、ローストポークはいつもかたくなりがちで、スライスしてしばらくおくとぱさつくのが気になっていました。でもこのつけつゆ作戦でしっかり焼いてもしっとりおいしく、日もちもする名物料理のでき上りです。つゆにつけたまま冷蔵庫で五日はへっちゃらです。お節に入れたり、ちょっと手土産にしたり、前もって作っておけるのでパーティのお料理の定番にもなった、自慢の一品です。

〈材料　作りやすい分量〉

豚ロース肉(かたまり)　500g

塩、こしょう　各適量

練りがらし　適量

〈つけつゆ〉

だし(濃いめ)　600mℓ

濃口しょうゆ　80mℓ

みりん　80mℓ

貝割れ菜　適量

〈作り方〉

① 室温に戻しておいた豚肉に塩、こしょうをすり込む。

② オーブンを220℃にセットする。天板にグリル用の網をのせ、上に肉を置いて下段で約1時間10分焼く。

③ だしを鍋に入れて火にかけ、沸いたら濃口しょうゆ、みりんを入れて一煮立ちさせる。

④ 焼けた肉を③の熱いつけつゆにつけて一晩おく。

⑤ 肉の繊維を切る角度からスライスする。器に盛り、貝割れ菜と練りがらしを添える。

ロールキャベツ

キャベツは胃腸によく、毎日食べるとガンになりにくいといわれています。生でも炒めてもおいしいですが、少し手間をかけたロールキャベツはまた格別のおいしさです。冬は牛肉を使ったトマト煮込みのロールキャベツを作りますが、少し日ざしが暖かくなったらこんなあっさり風味はいかがですか。前の年に冷凍しておいた実山椒はなにかと重宝する和のハーブです。

〈材料　4人分〉

キャベツの葉　8枚

昆布水(13ページ参照)　400mℓ

(なければ水400mℓに昆布茶小さじ½を加える)

実山椒　小さじ1

塩　小さじ½

〈中身〉

鶏ひき肉　200g

玉ねぎ(みじん切り)　½個分

蓮根(みじん切り)　4cm分

豆腐　¼丁

(キッチンペーパーにのせて500Wの電子レンジに2分かけ、冷ます)

おろししょうが　小さじ¼

塩　小さじ½

実山椒　小さじ½

〈作り方〉

① 鍋に湯を沸かし、キャベツの葉をやわらかくゆでる。ざるに上げて、芯を切り取る。

② ボウルに中身の材料をすべて入れてよく混ぜる。

③ ①のキャベツに②の中身を⅛量ずつのせてきっちりと巻き、鍋に入れる。昆布水と実山椒を加えて中火にかけ、沸いたら味をみて塩を入れ、弱火で15分煮る。

鶏の柚子こしょう焼き

京都人は粉山椒が好物でけっこう何にでもたっぷりとかけたりしますが、私は粉山椒以上に柚子こしょうが大好きです。おうどんやお鍋にも欠かせないのですが、こんなふうに洋風料理のマスタード焼きをまねて鶏肉を焼いてみました。たっぷり柚子こしょうを使って、皮面を焦がさずにカリッと焼くのがこつです。そして焼上りはすぐ切らないで十分ほどおいてから切ると、おいしい肉汁がお肉にとどまったまま、ふんわりと温かくいただけますよ。

〈材料　4人分〉
鶏もも肉　大2枚
塩　小さじ1
柚子こしょう　小さじ2
柚子の皮(せん切り)　適量

〈作り方〉

① 鶏もも肉は余分な脂の部分をカットして、分量の塩をすり込み、皮だけに柚子こしょうをぬって、グリルで皮目を10分、裏返して10分焼く。両面焼きグリルの場合は、皮目を上にして20分焼く。

② 粗熱が取れてからカットする。器に盛って、柚子の皮をあしらう。

肉みそ葉っぱまきまき

私の作るこのしっとり肉みそは、作りおきができるうえにご飯、めん、野菜、卵とバリエーション豊かに使い回しがきくので、いつも多めに作っておきます。子どもにも食べやすいので突然の「おなかすいたー!」攻撃にもばっちり対処できますよ。「とりあえずこれ食べとき」が手作りだと、おなかも心もちょっとうれしいですよね。

〈材料　作りやすい分量〉
〈肉みそ〉
豚ひき肉　500g
酒　50mℓ
にんにく、しょうが(ともにみじん切り)　各1かけ分
砂糖、濃口しょうゆ　各大さじ3
テンメンジャン　大さじ2

〈つけみそ〉
田舎みそ　大さじ1
ごま油　大さじ½
湯　小さじ1
いりごま　大さじ½

〈野菜〉
サンチュ、青じそ、ごまの葉、チシャなど　各適量

〈作り方〉

① フライパンに豚ひき肉と酒、にんにく、しょうがを入れて混ぜ、肉に酒を吸わせる。中火にかけ、だんだん肉が白っぽくなってきたら砂糖、濃口しょうゆ、テンメンジャンを加えて、つやつやしてくるまで混ぜながら煮つめる。

② つけみその材料を小さいボウルに入れてよく混ぜる。

③ 野菜は洗ってよく水気をきり、皿に肉みそ、つけみそとともに盛りつける。

◎ ご飯も一緒に包むとおいしい。

豆腐みぞれあんかけ丼

千鶴流 豆腐五珍

京都にはお豆腐屋さんがとてもたくさんあります。皆さんがご存じのデパ地下に入っている有名店のみならず、小さな家族経営のお豆腐屋さんです。一軒一軒お味も大きさもやわらかさも微妙に違って本当に手作り感が伝わります。それにそのお豆腐屋さん一軒一軒がめいめい井戸をお持ちで、京都の地下水をふんだんに使ってお豆腐が作られているのです。すごいでしょう。お豆腐は豆のおいしさと水のおいしさで味が決まるらしいです。世界中で水不足が心配されている今、おいしい地下水をふんだんに使って作られているお豆腐はなんて贅沢な食べ物なんだろうとつくづく思います。あと、お豆腐は鮮度が命。買ってすぐと次の日では別物です。買ってきたらすぐ大きなボウルにお水をたっぷり張って、ゆるゆると泳がせた状態で冷蔵庫に入れてあげて、なるべく早く食べてください。

豆腐のみそ漬け

豆腐みぞれあんかけ丼

これは私が考えた和風マーボー丼とでもいいましょうか、材料が何もないときのお昼に急にお客さまがあったときなど、あわててお豆腐屋さんに自転車を走らせればなんとかなるお助けレシピです。簡単でリーズナブルですがなかなか奥の深いその味わいに、食べた人は「うーん、さすが京都」とうなってくださいます。こつは新鮮なお豆腐を使うことと、あんをたっぷりかけること。トッピングをしょうがやぶぶあられにしても美味です。

〈材料　4人分〉
絹ごし豆腐　1丁
だし　800mℓ
うす口しょうゆ　小さじ4
塩　小さじ½
水溶きかたくり粉　適量
大根　15cm
柚子の皮　適量
ご飯　軽く茶碗4杯

〈作り方〉
① 大根は皮をむき、おろしておく。
② だしを沸かし、塩、うす口しょうゆを入れて1cm角に切った豆腐を入れ、煮立ったら水溶きかたくり粉でとろみをつけ、軽く水気をきった大根おろしを入れて混ぜる。
③ お椀に盛ったご飯の上に②をたっぷりとかけ、すりおろした柚子の皮をのせる。好みでぶぶあられをあしらう。

豆腐のみそ漬け

ずいぶん前の日経新聞の料理記事に豆腐をみそ漬けにするとチーズのようになる、と書いてあって「えーっ！」とびっくり!!　そのレシピは赤みそのみのようでしたが、私は白みそをブレンドしてみて自分流の味にアレンジ。しっかり水気をきると長もちして本当にチーズみたいになります。

〈材料　作りやすい分量〉
木綿豆腐　½丁（200g）
八丁みそ　100g
白みそ　100g

〈作り方〉
① 豆腐はキッチンペーパーで包んで少し傾けたまな板に置き、重し1kgを入れたバットをのせて水気をきる。約半分の厚さになるくらいまで、3回くらいペーパーを替えながらしっかりと水気をきる。
② バットに八丁みそと白みそを混ぜたものを薄く敷き、ガーゼを置いて豆腐をのせ、上にもガーゼをかけてみそをぬる。2日ほど冷蔵庫に入れておく。
◎ しっかり水気がきってあれば冷蔵庫で2週間くらいもつが、水きりが浅いと日もちしにくいので早めに食べる。

お豆腐ゆるゆる

豆腐のみそ漬け

揚出し豆腐

豆腐ステーキ
黒酢ソース

おぼろ豆腐と
卵のあんかけ

揚出し豆腐

あつあつの豆腐を一口ほお張ると、豆腐のやわらかさとつゆのうまみと油の香ばしさが渾然一体となって舌の上を滑り落ち、続いて鼻腔をしょうがとおろしの香りが刺激！　同時に糸がつおが豆腐の上で躍るのを目で楽しむ。これこそ揚出し豆腐の醍醐味！　ほうら食べとうなってきたでしょう。今夜あたりどうですか？

〈材料　4人分〉
絹ごし豆腐　1丁
かたくり粉　適量
揚げ油　適量
大根おろし　適量
おろししょうが　適量
万能ねぎ(小口切り)　適量
糸がつお　適量
〈かけつゆ〉
だし　600mℓ
うす口しょうゆ　小さじ2
塩　小さじ1

〈作り方〉
① 豆腐はキッチンペーパーで包んで水気をきり、かたくり粉を全体につけて170℃の油で揚げる。
② かけつゆの材料を鍋に入れ、一煮立ちさせる。
③ ①を器に盛り、大根おろし、おろししょうが、万能ねぎをのせ、②のかけつゆを入れて、糸がつおをのせる。

豆腐ステーキ黒酢ソース

豆腐ステーキもいろいろなやり方があるようですが、こうして粉をつけて焼くとかりっとした歯ざわりも出ますし、ソースもからみやすくなり、おいしくいただけると思います。黒酢は煮つめるとカラメルソースのようなこくが出て、豚肉や白身魚などにもよう合います。

〈材料　4人分〉
絹ごし豆腐　1丁
薄力粉　適量
ごま油　大さじ2
砂糖　大さじ2
濃口しょうゆ　大さじ2
黒酢　大さじ2
万能ねぎ　適量

〈作り方〉
① 絹ごし豆腐は1cm幅にスライスして、キッチンペーパーにのせて水気をきっておく。
② フライパンにごま油を熱し、①の豆腐に薄力粉を全体につけて両面を色よく焼き、器にとる。
③ ②のフライパンに砂糖、濃口しょうゆ、黒酢を入れて、少しとろっとするまで煮つめて豆腐にかける。3cmに切った万能ねぎをあしらう。

おぼろ豆腐と卵のあんかけ

あんかけの中に卵をとき入れるとふんわりとした仕上りになります。とろんとしたスープは味わいが優しく、おすましとはまた違ったおいしさ。お好みでしょうがをたっぷり入れて、寒い夜のお夜食や風邪のときなんかにもぜひどうぞ。

〈材料　4人分〉
おぼろ豆腐　1パック
卵　1個
チキンスープ（「かぶのすり流し」24ページで使用したもの）　400mℓ
塩、こしょう　各適量
くこの実　適量
〈水溶きかたくり粉〉
かたくり粉　大さじ2
水　大さじ2

〈作り方〉
① 鍋にチキンスープを入れて沸かし、塩、こしょうで味をつける。
② おぼろ豆腐をスプーンでくずしながら入れて、水溶きかたくり粉でとろみをつけ、とき卵を回し入れて火を止める。彩りにくこの実を散らす。

おおきに、おおきに

白みそで、はんなりご飯

「京都人は毎日のおみそ汁も白みそで作っている」と思っていらっしゃる方もあるようですが、実は京都の人間でも白みそが常時冷蔵庫に入っている方は料理上級者のみだと思います。そうなんです！ そこなんです！ だからこそ白みそ使いがこなれていると料理上級者に思ってもらえるんです！ 白みそは西京みそともいわれます。麹の量が多く、香りと甘みが強いので、料理に加えるとうまみが増します。意外に洋風のお料理にも合いますから、もっとどんどん活用しはって白みそ名人になってください。でも塩分が少ないので普通のおみそのように長もちしません。小分けにして冷凍庫で保存しはることをおすすめします。あと塩分量もメーカーによって違うので、お味見しはってから使うてください。

湯葉汁

豆乳白みそグラタン

湯葉汁

実はこの湯葉汁は、亡くなる直前の父に弟が最後に作ってあげた料理です。簡単な設備の病室のキッチンで、もうほとんど何も口にすることができなくなっていた父に、弟がささっと作ってくれました。まだまだ若い弟を残して逝くことは父としてどんなに無念だったか。でも今生き生きと活躍する弟をこの湯葉汁のようなやわらかで温かい目で見てくれていると、これを作るたびに思います。

〈材料　4人分〉
くみ上げ湯葉　1パック（150g）
だし　600mℓ
白みそ　200g

〈作り方〉
① くみ上げ湯葉はボウルなどに入れ、かたまりがないか箸でほぐしておく（かたまりが大きければ切る）。
② 鍋にだしを入れて火にかけ、白みそを溶き入れ、煮立ったら①の湯葉を入れて混ぜる。
③ お椀に盛って、好みで木の芽や糸がつおを飾る。

豆乳白みそグラタン

京都では十月ごろから福井県大野の里芋が売られます。粘りが強くてとてもおいしいそのお芋をいろんな食べ方で楽しもうと作ってみたら、これまた大好評で私の十八番《おはこ》レシピとなりました。当然、普通の里芋でも大丈夫、おいしく作れますよ。

〈材料　4人分〉
里芋　4個
長ねぎ　⅓本
えび　4尾
豆乳　大さじ6
白みそ　大さじ4
塩　少々
柚子の皮　少々
三つ葉　少々

〈作り方〉
① 里芋は洗って土を落とし、皮のまま水からゆでる。竹串がすっと通ったら熱いうちにキッチンペーパーで皮をむく。
② ①の里芋は7㎜幅に切り、長ねぎは5㎝長さのせん切りにする。えびはゆでて殻をむき、1.5㎝幅くらいのぶつ切りにする。
③ ボウルに豆乳、白みそを入れ、よく混ぜる。白みそによって味が異なるので、味をみてから塩の量を加減して入れる。
④ ③のボウルに②の里芋、長ねぎ、えびを入れてソースをからめる。ぬらしたグラタン皿にソースも残らず移して、オーブントースターで10分ほど焼く。
⑤ 仕上げに、あられに切った柚子の皮と、1.5㎝長さに切った三つ葉を散らす。

京風てっちり　ふぐのスープ

ふぐっておいしいですよね。身のおいしさもさることながら、そのだしはこの上なく洗練されたうまみがたっぷりで、てっちりのときの私の一番の楽しみは野菜を入れる前のスープをいただくことです。白みそを少し入れるだけで味に奥行きが出て、えもいわれぬおいしさになります。もしふぐが余ったら、朝ご飯のおみそ汁のお鍋に一切れ入れるだけでワンランク上の味わいになりますよ。

〈材料〉

ふぐ(てっちり用ぶつ切り)　1尾分
昆布　10cm
水　1500mℓ
白菜　適量
くず切り　適量
菊菜(春菊)　適量
長ねぎ　適量
絹ごし豆腐　適量
しいたけ　適量
白みそ　大さじ2
自家製ぽん酢(28ページ参照)　適量
もみじおろし　適量
青ねぎ　適量

〈作り方〉

① 土鍋に分量の水と昆布を入れて3時間以上おく。
② ①の土鍋を火にかけ、沸いてきたら白みそを溶き入れ、ふぐを入れる。
③ ふぐが煮えたらスープを味わう。スープ100mℓと塩小さじ1/6(分量外)を器に入れて混ぜて飲む。好みで刻んだ青ねぎと一味とうがらしを入れる。
④ スープを堪能してから野菜などを入れて、煮えばなをもみじおろしと刻んだ青ねぎを入れたぽん酢で食べる。

ふぐのスープ

京風てっちり

忘れられへん山の味

私は山育ちなのであんまり飾り立てたお料理は好きではなく、どちらかというと素材をそのままあまり手を加えすぎず、どーんと食べるのが好きです。

山の料理は色目は地味ですが実はとても手間がかかっています。春にとれる山菜は背負いかごに山ほどとってきても、掃除をして食べられるところだけにするとほんの一握りにしかならないものもあります。ふきやいたどりなども一年中食べられるようにゆでて皮をむき、塩漬けにしたりきゃらぶきにしたりします。でも山菜が出てくるのは一時なので、山盛りとってきては村のおばさんたちと車座になってその山盛りの山菜の皮をむかなければいけません。いつ終わるとも知れない単調な作業なのですが、そのおばさんたちとたわいもないおしゃべりをして笑いながらの作業はとても楽しく思えました。

普段は粗食で大根葉のたいたんを本当によく食べさせられました。「またかー」と思っていた大根葉を今になって無性に食べたくなるときがあり、「これって食育?」って苦笑してます。でも自分で作ると違うんだなぁ。やっぱり花背の大根だったからかなぁ。

山の食べ物は本当においしかった。魚でも野菜でも花背でとれたものは花背の味がする。それは花背で食べるから特においしくて、街で食べるとなんか違う気がする……。地産地消と今よく言われていますがそりゃそうでしょう。

自分自身も花背産なのですから。

できれば私が死んだら花背の山や川に散骨してほしい。そこでとれてそこで育ったから、そこの土に還りたい。

地山焼き

作り方 105ページ

焼きたけのこ
山菜てんぷら

作り方105 106ページ

春のほろにが

小鮎のてんぷら
小芋の衣かつぎ
枝豆の塩ゆで

作り方106 107ページ

ひんやりと夏

秋こうばしうて

鶏とまつたけのすきやき

作り方107ページ

冬じんじん

ぶり大根

かす汁

作り方108ページ

家の味。
こんなん食べたいやろか？

毎日毎日のおさんどん。皆さま本当にご苦労さまです。主婦になって「あー。主婦って女将さん業と全くおんなじだなぁ」って本当にそう思います。毎日朝早くから夜遅くまで、家中を掃き清め、衣類を清潔に保ち、心のこもった料理で家族と訪れる人を幸せにし、皆が快適に過ごせるように常に気を配り、なおかつ家の繁栄のため心を砕き、ご先祖さまを敬い供養を怠らない。とても大変な代わりにとてもやりがいのある仕事だと思います。

どのおうちも女性がその家の光となり、だんなさまを励まし、子どもを心身ともに立派に育ててはると思うと、家族という単位の重大さが本当によくわかります。だからでしょうか、どんなレストランに行くより親しい人の家にお邪魔して、そこの奥さまの手料理をいただくのは最高においしい。その家ごとにその家の味がちゃんとあるんですよね。家のご飯がおいしいのはみんなのためを思って作られているからだと思います。

でも私は子どもに迎合して好きなものばかり作らないようにもしています。嫌いなものでも家の味は体にしみつきますし、いつかわかってくれる日が必ず来ますから、好みのものを作るより毎日のお買い物で心にとまる季節が詰まったお野菜たっぷりの料理を自分の味で作ってあげることが何より大切だと思てます。その日の日ざしが、光の色が、そのときみんなが食べたいものを語っている気がします。

わくわく、ドキドキ

京都の野菜礼賛！

京都は野菜がおいしいですよー。夏は蒸し暑うて冬は底冷えがする最悪の住環境が季節のメリハリをはっきりさせ、お野菜に凛とした うまみを持たせるのでしょうか、八百屋さんに行くのが楽しみになります。それと街が小さいので朝どりのお野菜が十一時ごろには八百屋さんに並びますし、農家さんが自分でトラックで売りに来たりもしはります。

そんな野菜は新鮮なうちにあまり手を加えずにいただくのがいいです。うちの子どもたちも野菜がおいしいと、キャベツでもきゅうりでも塩だけつけて食べるのが好きです。三歳の娘はその塩だけ野菜を「ちょんちょん！して食べる」と言います。小皿に塩を入れてお野菜にちょんちょんとつけて食べるからです。あとは火を通して量をたっぷり。一日三百五十グラムの野菜摂取量をクリアするには朝食時の野菜の量が決め手です。野菜をちゃんと食べていると体が本当に軽くなります。レシピを参考にお野菜生活、始めておくれやす。

京風でちょこっと

菊菜とりんごとくるみの白あえ

大根の梅のりあえ

アスパラのごまあえ

焼きしいたけとほうれん草の柚子びたし

てっぱい

菊菜とりんごとくるみの白あえ

白あえはそんなに難しくはないけれど、手間を感じさせる優しい味わいが好きです。こつは分量をきちんと量ることと、材料に下味をきちんとつけること。あえ衣は衣だけの味とあえた後の味が変わるので、慣れないうちにいい加減に作ると台なしになります。レシピどおりに作って味を覚えてくださいね。りんごを入れると子どもも喜びますし、ワインにも合いますよ。

〈材料　4人分〉
菊菜(春菊)　1束
りんご(ふじ)　1/3個
くるみ　10粒(30g)
だし　100mℓ
塩　ひとつまみ
みりん、うす口しょうゆ　各小さじ1/2
〈あえ衣　作りやすい分量。今回は1/2量を使用〉
木綿豆腐　1丁
砂糖　大さじ1
塩　小さじ1
うす口しょうゆ　小さじ1/3
練りごま(白)　大さじ1

〈作り方〉

① 木綿豆腐はキッチンペーパーで2重に包み、まな板などで重しをしてしっかり水気をきる。フードプロセッサーに水気をきった豆腐と調味料、練りごまを入れ、なめらかになるまで混ぜてあえ衣を作る。

② 菊菜はさっと塩ゆでにして水にとり、かたいところを取り除いて水気をしっかり絞り、3㎝長さに切る。

③ だしに調味料を入れ、一煮立ちさせたものを冷まし、②の菊菜をつけて味をなじませる。

④ りんごは半分に切って芯を取り、皮をつけたまま5㎜角の棒状に切る。

⑤ くるみはいってから粗く刻む。

⑥ ③の菊菜の水気を軽く絞り、④⑤とともに①であえる。

大根の梅のりあえ

これは元々長男が五歳のころ、お刺身をお魚屋さんで買ったとき、別に大根のけんをたくさんもらって、どうやって食べようかと相談しながら作った料理です。ボウルにけんを入れて練り梅やのりなどあったものを並べて適当に作らせたのがおいしくて、うちの定番になりました。でもいつもけんばっかりお魚屋さんにもらうわけにはいかないので、大根スライスで作っています。

〈材料　4人分〉
大根　8㎝
塩　小さじ1/2
練り梅　大さじ1
みりん　大さじ1
うす口しょうゆ　小さじ1/2
焼きのり　1枚

〈作り方〉

① 大根は皮をむき、長さを半分に切ってから5㎜角の拍子木切りにし、塩をして手で少しもむように混ぜて、水気が出るまで5分ほどおく。

② ボウルに練り梅とみりんとうす口しょうゆを入れて混ぜ、①の大根を軽く絞って入れ、焼きのりも小さくちぎって入れて混ぜる。

焼きしいたけとほうれん草の柚子びたし

しいたけも柚子も秋に出てくる仲間ですから相性がぴったり。肉厚のしいたけを見つけたらぜひ作ってみてください。しいたけを焼くのがポイント！　香ばしくなって、よりいっそう香りのある料理になります。

〈材料　4人分〉
ほうれん草　½束
しいたけ　4枚
柚子　1個
だし　200mℓ
うす口しょうゆ　小さじ1
塩　ひとつまみ

〈作り方〉
① 鍋に湯をたっぷり沸かして塩少々（分量外）を入れ、ほうれん草をさっとゆでて水にとり、3cm長さに切って絞っておく。
② しいたけは洗って石づきを取り、かさをひっくり返して軽く塩(分量外)をふり、オーブントースターでかさを返したまま5分焼いて火を通す。
③ だしにうす口しょうゆ、塩を入れて一煮立ちさせ、冷ましてから柚子の汁をしぼって入れ、皮も少しせん切りにして入れる。
④ ③のだしに①のほうれん草と②のしいたけを7mm幅に切って入れて軽く混ぜ、10分ほどおいて味をなじませる。器に盛って、柚子の皮のせん切りをあしらう。

アスパラのごまあえ

今は一年中出回っているアスパラガスも旬はやっぱり春で、そら豆に似た香りは春の訪れを感じさせてくれます。いりたてのごまの香りとともにたっぷり味わってください。ゆですぎは禁物です。

〈材料　4人分〉
グリーンアスパラガス　1束
ごま　大さじ3
みりん　大さじ1
うす口しょうゆ　大さじ1

〈作り方〉
① アスパラガスは下のかたいところはポキンと折って取り除き、ピーラーで下半分の皮をむいて半分に切る。鍋に湯を沸かして塩(分量外)を入れ、アスパラガスをかたいほうから先に入れてゆでてざるに上げておく。粗熱が取れたら乱切りにする。
② ごまはフッ素樹脂加工のフライパンに入れて弱火にかけ、香ばしい香りがするまでいる(いりごまでも同じようにいり直すとおいしい)。
③ ②のごまをすり鉢に入れて粗くすり、みりん、うす口しょうゆ、①のアスパラガスを入れて混ぜる。好みで粉山椒も入れて混ぜる。

てっぱい

これは私の叔母の十八番料理です。叔母の畑の九条ねぎを使っているからかなぁ。教えてもらってもなかなか同じになりませんでしたが、ようやくこんな感じかな？というレシピを作れました。冬の京野菜の威力を感じさせるおばんざいです。

〈材料　4人分〉
九条ねぎ　½束
いか　⅓ぱい
油揚げ　¼枚(40g)
白みそ　100g
米酢　大さじ2
砂糖　大さじ2
溶きがらし　小さじ1
いりごま(軽くする)　大さじ2

〈作り方〉
① 九条ねぎは洗い、長いまま軸のほうからゆでて、ぷくーっと青い部分がふくらんだらざるに上げて冷ます。ゆで加減は、九条ねぎの白い部分が箸でさわるとしなっとし、青い部分は一瞬ゆでる程度に。水にとらないよう注意。3cm長さに切る。
② いかはわたを取り除いて皮をむき、吸盤のかたい部分をこそげ落とした足とともにさっとゆで、3cmの短冊に切る。油揚げは軽くあぶって香ばしさを出し、同じく3cmの短冊に切る。
③ 調味料といりごまをすべて混ぜる。
④ ①のねぎの水気を手で絞り、②とともに③に加えて混ぜる。いりごま(分量外)をあしらう。

サラダでメインと
白菜のサラダ
ぐじの揚焼き

にんじんと赤かぶと
水菜のサラダ

小かぶの
丸ごとサラダ

かぼちゃと
さつまいもと
ブロッコリーのサラダ

コールスローサラダ

白菜のサラダ

白菜のサラダというと「えっ」と思われる方もあるかもしれませんが、これはサラダというか浅漬けというか……。とりあえずお口をさっぱりとさせてくれるこの白菜サラダは、付合せにぴったりです。チキンなどのお肉料理のときもお試しください。

〈材料　4人分〉
白菜の葉　2枚
赤かぶ　⅛個
塩　小さじ½
米酢　小さじ1
昆布茶　小さじ⅛

〈作り方〉
① 白菜は洗って芯と葉に分け、芯のほうはそぎ切りに、葉のほうは5cm角に切る。赤かぶは1mm厚さにスライスする。
② ボウルに①の白菜の芯と赤かぶを入れ、塩を入れてしんなりするまでもむ。葉のほうも入れて軽くもんで5分おく。
③ ②の野菜の水気を手で軽く絞って、米酢と昆布茶を入れて混ぜる。

ぐじの揚焼き

京都では甘鯛のことを「ぐじ」といいます。年中あるのですが冬にはなくてはならない食材で、一汐のものを焼いたりかぶら蒸しにしたりしていただきます。とてもやわらかく上品なその身は大人も子どもも大好きなお魚です。今回はうろこまでおいしく香ばしく食べられるように揚焼きにしました。ゆっくりと時間をかけてうろこをおいしく焼きましょう。あんまり大きなぐじは不向きです。小さめの中骨のないほうの半身を使ってください。

〈材料　4人分〉
ぐじ(一汐物。小さめ)　半身(中骨のないほう)
サラダ油　適量

〈作り方〉
① ぐじは小骨を骨抜きで抜いて、3cm幅に切る。
② フライパンにサラダ油を1cmくらいの深さになるように入れて、①のぐじをうろこが下になるように入れてから弱火にかける。うろこ側を10分くらいかけてゆっくりと揚焼きにしてから身のほうを中火で3分くらい焼き、かりっと仕上げる。キッチンペーパーにとって余分な油を取る。

にんじんと赤かぶと水菜のサラダ

にんじんも煮るよりサラダのほうが甘みを感じられる野菜です。前もってあえておいても大丈夫なうえに彩りがきれいなので、パーティにも向いています。

〈材料　4人分〉
にんじん　½個(約100g)
赤かぶ　½個(約150g)
水菜　½束
くるみ　10粒(いって粗みじんに刻む)
〈ドレッシング〉
塩　小さじ1
こしょう　少々
レモン汁　大さじ½
みりん　大さじ1
エクストラバージンオリーブオイル　大さじ1弱
粒マスタード　大さじ½

〈作り方〉
① にんじんは皮をピーラーでむき、マッチ棒くらいに切る。赤かぶは洗って、にんじんよりも太めに切る。水菜も洗ってから4cm長さに切り、水気をよくきっておく。
② ボウルにドレッシングの材料をすべて入れ、泡立て器でよく混ぜて、くるみ、にんじん、赤かぶ、水菜の順に混ぜる。

かぼちゃとさつまいもとブロッコリーのサラダ

ちょっとずつ根菜が余ったときに作ります。ほかにじゃがいもや蓮根、カリフラワー、かたい野菜なら何でも。電子レンジ使いの簡単レシピです。本格派なら蒸してもらうとなおいいです。

〈材料　4人分〉
かぼちゃ　1/8個(150g)
さつまいも　小1本(200g)
ブロッコリー　1/3個
米酢　小さじ2
粒マスタード　小さじ1
みりん　小さじ1
塩　小さじ1
こしょう　少々
サラダ油　小さじ1

〈作り方〉

① かぼちゃは種とわたを取り、一口大に切る。さつまいもは1cm厚さのいちょう切りにする。耐熱の器にかぼちゃとさつまいもを入れて、ラップフィルムをかけて600Wの電子レンジで6分加熱し、竹串がすっと通るまで火を通す。

② ブロッコリーも洗って小さい房に分け、耐熱の器に入れてラップフィルムをかけて600Wの電子レンジで2分加熱する。

③ ボウルに調味料とサラダ油を入れ、泡立て器で混ぜて、①②を温かいうちに加えて混ぜる。

◎ かぼちゃ、さつまいも、ブロッコリーは調味料には同時に入れること。順番に入れると先に入れたものが調味料をすべて吸ってしまって味にむらができる。

小かぶの丸ごとサラダ

小かぶって本当に畑に埋まっていたのか？と思うくらい皮がきれいで白いですよね（うらやましい）。そんな小かぶは皮もむかず、栄養豊富な葉っぱも一緒に塩とオリーブオイルだけでいただきます。小かぶの甘みと葉っぱのすがすがしい香りに、食べるだけで小かぶ肌になれそうな気がしますよ。

〈材料　4人分〉
小かぶ　1個
塩　小さじ1
エクストラバージンオリーブオイル　小さじ1

〈作り方〉

① 小かぶは洗って葉とかぶに分けて、葉は内側のやわらかいところを4cm長さに切る。

② かぶは上のかたいところを切り落とし、12等分のくし形切りにする。

③ ①と②を塩とオリーブオイルであえる。

コールスローサラダ

これも前もって作れるサラダです。青じそを入れるのが私流かな？　冬のキャベツと春のキャベツとではもむ加減を変えてください。春のキャベツはやわらかく、ぼろぼろになってしまいますので優しく混ぜて、冬のキャベツはしっかり混ぜても大丈夫。常に素材の状態を意識しながらお料理を作ってください。自分も同じ季節に同じ日本に生きてるってわかる気がしますから。

〈材料　4人分〉
キャベツ　1/8個
青じそ　3枚
塩　小さじ1/2
米酢　小さじ1
鶏ささ身　100g
マヨネーズ　大さじ2

〈作り方〉

① 鍋に湯を沸かし、鶏ささ身を入れて火を弱め、5分ほどゆでてそのまま冷ます。冷めたら取り出して細かく裂いておく。

② キャベツと青じそは洗って粗いせん切りにし、塩、米酢とともにボウルに入れ、しんなりするまでもんで5分ほどおく。

③ ②を手で絞って、①のささ身と一緒にマヨネーズであえる。

◎ チキンスープ（24ページ参照）のだしがらの鶏肉を使ってもいい。

ナムルでご飯と ピビンパ わかめのスープ

もやしとほうれん草のナムル

蒸しなすのナムル

にんじんのナムル

きゅうりのナムル

ピビンパ

今や日本でも国民的人気を誇るピビンパ。ピビ＝混ぜる、パッ＝ご飯、という意味なので、恥も外聞もなく本気で混ぜて食べてください。そのほうが絶対おいしいですから。

〈材料と作り方〉
大きめの丼にご飯を入れ、ナムルを3種類以上のせて肉みそ（33ページ参照）を添える。好みでコチュジャンを入れて、よく混ぜ合わせていただく。

わかめのスープ

ピビンパにはわかめのスープですよね。ご飯に入れる方もあるようですが、私は絶対別にします。ハフハフ、ピビンパの後ですっきりわかめスープをスッカラ（韓国のスプーン）でスーッと飲んで、またハフハフ。あーおいしい。

〈材料4人分と作り方〉
わかめ（塩蔵）20gはさっと水で洗って、きれいな水に1分ほどつけてもどし、7㎜幅に切って絞っておく。鍋にチキンスープ（24ページ参照）600㎖を沸かし、わかめと塩小さじ1を入れ、味をみて、もう一煮立ちしたら火を止め、ごま油といりごま各少々を入れる。

大根のナムル

大根も冬になると信じられないくらい立派なのが信じられないくらい安く売られます。おまけに畑をしている親戚からもいただいたりして、「えー、こんなにー」ってときに作るお料理。ぱっと作れて、いくらでも大根が食べられます。本当です。

〈材料　4人分〉
大根　15cm
ごま油　大さじ2
うす口しょうゆ　小さじ2
いりごま　大さじ2

〈作り方〉
① 大根は皮をむき、せん切りのスライサーで斜めにせん切りにする。
② フライパンにごま油を熱し、①の大根を入れてしんなりするまで炒めて、うす口しょうゆを入れて味をつけ、仕上げにいりごまを混ぜる。

◎ せん切りはスライサーがおいしくできる。

干しわらびのナムル

乾物はもどしたり湯がいたり、ちょっと手間がかかりますが、その栄養価とお味には独特の深みがありますよね。時間がかかる料理は、気にかけている時間が長い分お味が深まる気がします。でも「そんなん無理！」な方はぜんまいの水煮で作ってみてくださいね。大丈夫、うまくいきますから。

〈材料　4人分〉
干しわらび　20g
ごま油　大さじ2
濃口しょうゆ　大さじ2
粉がつお（削りがつおでもいい）　小さじ1
いりごま　大さじ2

〈作り方〉
① 干しわらびはさっと洗い、鍋に入れたたっぷりの水に一晩つけておく。
② ①の鍋をそのまま中火にかけ、沸いたらごく弱火にして1時間ほどわらびをゆでる。
③ 適度にやわらかくふっくらともどったら②の湯を捨てて、水をたっぷり入れてできれば2時間くらい流水にさらす。水がもったいなければ水を3回くらい替えてつけておく。
④ ③のわらびをざるに上げて水気をきり、4～5cmに切る。熱したフライパンにごま油と一緒に入れて炒める。油が回ったら濃口しょうゆを入れて、ふたをして弱火にして5分ほど煮る。
⑤ ふたを取り、汁気がなくなるまで炒めて、仕上げに粉がつおといりごまを加えて混ぜる。

もやしとほうれん草のナムル

長男のお得意料理です。いつもこれは作ってもらいます。彼なりのこだわりがあって、「こつはまず始めにごま油。それから塩でごまなんや！」と主張するのですが、ほんとかなぁ。でも確かに彼が作るとおいしい……。

〈材料　4人分〉
ほうれん草　1束
太もやし　½袋
ごま油　大さじ1
塩　小さじ½
いりごま　大さじ1

〈作り方〉
① ほうれん草は洗ってさっとゆでて水にとり、3㎝長さに切り、手でぎゅっと絞っておく。
② もやしもさっとゆでてざるに上げ、水気をきっておく。
③ ボウルに①②を入れ、ごま油、塩、いりごまを入れて混ぜる。

にんじんのナムル

これもにんじんがたくさん食べられるレシピです。飽きたら、炒めるときにたらこや明太子をほぐして一緒に炒めてください。お酒のあてにもなりますよ。

〈材料　4人分〉
にんじん　1本
ごま油　大さじ1
うす口しょうゆ　小さじ2
いりごま　大さじ2

〈作り方〉「大根のナムル」と同様。

蒸しなすのナムル

なすは炒めると油をたくさん吸収するので、蒸したほうがあっさりしたナムルができます。電子レンジでもできるのですが、なんとなく義母に聞いたとおり蒸したほうがおいしいように思います。あと、おなすは冷蔵庫に長く入れると変な味になるようです。見た目は大丈夫なんですが……。買ってきたら常温に置いて、しわしわにならないうちにすぐ使ってくださいね。

〈材料　4人分〉
なす　3本
うす口しょうゆ　大さじ1
昆布茶　小さじ½
ごま油　大さじ1
いりごま　大さじ2

〈作り方〉
① なすは洗ってへたを切り落とし、縦半分に切って5㎜幅の斜め切りにして、水にさらしておく。
② ①のなすをざるに上げ、蒸気の立った蒸し器に入れ、もう一度蒸気が立ってから2分蒸して火を止め、そのまま3分ほど蒸らす。
③ ②のなすをもう一度ざるに上げ、水気を自然にきってからボウルに入れて、うす口しょうゆ、昆布茶、ごま油、いりごまを入れて混ぜる。

きゅうりのナムル

韓国かぼちゃって知ったはりますか？　見た目はズッキーニの大きいようなもので甘くなく、ナムルにするとてもおいしいのですが、なかなか手に入りません。ズッキーニやきゅうりで代用すると、これはこれでおいしい和風ナムルのでき上り。

〈材料　4人分〉
きゅうり　2本
ごま油　大さじ1
塩　小さじ½
にんにく（すりおろす）　少々
いりごま（軽くする）　大さじ1
一味とうがらし　少々

〈作り方〉
① きゅうりは洗って両端を少し切り落としてから縦半分に切り、5㎜幅の斜め切りにする。
② フライパンにごま油を熱し、①のきゅうりを入れて炒め、しんなりしたら塩とにんにくのすりおろしを入れて1分ほど炒めて火を止める。仕上げにいりごま、一味とうがらしを混ぜる。あれば糸とうがらしを飾る。

朝ご飯でたっぷりと

さつま汁
焼き塩さば
だし巻き

野菜のポタージュ

お残りのチゲ

さつま汁

鹿児島（母の生家）で伯母が作る麦麹のおみそ汁は、京都の白みそとはまた違う味わいで、それはそれはおいしいんです。おみそが伯母の手作りであることがその理由だとは思うのですが、ほのかにあまーいあの味を食べたくなるとこのさつま汁を作ります。さつまいもがほろりとくずれて絶妙なとろみと甘みをつけてくれます。あー、食べたくなってきた。今日作ろうっと。

〈材料　4人分〉
豚バラ肉（薄切り）　50g
大根　5cm
にんじん　1/4本
さつまいも　1/2本
ごぼう　1/2本
こんにゃく　70g
ごま油　大さじ1
だし　600mℓ
みそ　大さじ3
青ねぎ　適量

〈作り方〉
① 豚バラ肉は1cm幅に切り、大根は皮をむいて大きめの乱切りに、にんじんは皮をむいて短冊切りに、さつまいもは大きめの乱切りにする。ごぼうはささがきにして水にとっておく。こんにゃくは短冊切りにしてゆでる。
② 鍋を火にかけ、温まったらごま油を入れる。豚バラ肉を入れて炒め、肉の色が変わったら大根、ごぼう、にんじん、こんにゃくを入れて軽く炒め、油が全体に回ったら、だしを入れて大根がやわらかくなるまで煮る。
③ 最後にさつまいもを入れてやわらかくなったら、みそをみそこしを通して溶き入れる。仕上げに刻んだ青ねぎをのせる。

焼き塩さば

花背は福井県の若狭から通じる〝さば街道〟のはずれになるので、昔から塩さばは定番のおかずでした。でも今はなかなか昔のようにおいしい塩さばに巡り会えません。「塩さば、食べたいな」と思ったときは自分で作るようにしています。小さいごまさばよりも十月以降の脂ののった大きな真さばで作ると昔の味に出会えます。

〈材料　4人分〉
生さば（新鮮なもの）
　大きければ半身（小さければ1尾）
塩　約大さじ2
大根おろし　適量
すだち　適量

〈作り方〉
① さばは頭を落として二枚におろし、塩をふってキッチンペーパーで包み、冷蔵庫で一晩おく。
② キッチンペーパーをはずし、適当に切って焼く。大根おろしとすだちを添える。

だし巻き

〈材料　4人分〉
卵　4個
だし　140mℓ
うす口しょうゆ　小さじ1
かたくり粉　小さじ2
サラダ油　適量

〈作り方〉
① 卵をボウルに割り入れ、菜箸で卵白を切るように手早く混ぜる。
② だし、しょうゆ、少量の水で溶いたかたくり粉を①に入れ、一度こす。
③ 卵焼き器に薄くサラダ油をひき、②の卵液を混ぜてから一巻き分を流し入れる。
④ 全体に卵液がいきわたり、火が通ったら端からくるくると巻いていく。
⑤ ③④の作業を繰り返し、でき上がったら巻きすで巻いて形を整える。
⑥ 2cm幅に切って器に盛り、好みで紅しょうが（79ページ参照）を添える。
◎ 関西のだし巻きは焦がさないように、でもあんまり弱火で焼くと形がつぶれやすくなるので、中火でさっさと作る。最後に形を整えるので細かいことはあまり気にしなくても大丈夫。
◎ 油をひくときは、小皿に入れたサラダ油をコットンにつけてひくとうまくいく。

お残りのチゲ

チゲは韓国の鍋料理のこと。にんにくとキムチさえ入っていれば何を入れてもおいしく、韓国料理らしくできます。今回は普通の鯛の切り身を使いましたが、私は前の日に焼いた魚が一切れ残ってしまったときや野菜室を整理したいときによく作ります。寒い朝に鍋ごとテーブルに出してフーフー言いながら食べると野菜もたっぷりとれて元気が出ます。お豆腐以外の具材を前日に鍋に入れて冷蔵庫に用意しておくと、朝は火にかけるだけなので、ものすごく楽です。この場合は、豚肉とキムチは炒めません。お味は少しあっさりしますが、カロリーセーブもできますのでメタボぎみの方にはおすすめです。

〈材料　４人分〉
鯛(切り身)　１切れ
白菜キムチ(３㎝幅に切ったもの)　１カップ
豚バラ肉(薄切り)　50g
にんにく(すりおろす)　１かけ
うす口しょうゆ　小さじ１
ごま油　大さじ１
長ねぎ　１本
万願寺とうがらし(緑、赤)　各１本
まいたけ　½パック
しめじ　½パック
水　５００㎖
みそ　大さじ１
いわしエキス(ナムプラーでもいい)　大さじ１
豆腐　½丁(２００g)

〈作り方〉
① 豚バラ肉は１㎝幅に切って、にんにく、うす口しょうゆ、ごま油を混ぜておく。
② 長ねぎと万願寺とうがらしは斜め切りにする。まいたけとしめじは石づきを取ってから洗って、食べやすい大きさに裂いておく。
③ 鍋に①を入れて炒め、肉の色が変わったらキムチを入れてさっと炒めて、鯛、長ねぎ、万願寺とうがらし、まいたけ、しめじ、分量の水を入れる。沸いたら弱火にしてあくを取り、ふたをして全体がしんなりするまで煮る。
④ 煮えたらみそ、いわしエキスで味を調え、仕上げに豆腐を入れて１分ほど煮てでき上り。

野菜のポタージュ

野菜のポタージュも何を入れてもおいしくできるものです。玉ねぎは必ず入れたいですがそれ以外は何でも。おいも系が少なくてとろみが足りなければご飯を入れたり、こくが足りなければバターを少し足したり。今回は鶏ひき肉を少し入れましたが、野菜に甘みが充分あるときは入れなくてもおいしくできます。素材の状態でどんどんご自分流に変化させていって、野菜たっぷりのおいしい朝を迎えてくださいね。

〈材料　４人分〉
玉ねぎ　１個
にんじん　¼本
じゃがいも　１個
キャベツ　⅛個
鶏胸肉(ひき肉)　50g
昆布水(13ページ参照)　３００㎖
(なければ水３００㎖と昆布茶小さじ¼)
豆乳　１００㎖
塩　小さじ½

〈作り方〉
① 玉ねぎは皮をむいてくし形切り、にんじんは皮をむいて輪切り、じゃがいもは皮をむいて6等分、キャベツはざく切りにしておく。
② ①を玉ねぎから順に厚手の鍋に入れ、上に鶏ひき肉を散らし、昆布水を入れ、ふたをして火にかけ、沸いたら火を弱め、材料に火が通るまで10分ほど煮る。
③ 煮えたらミキサーでピューレー状にして豆乳を加え、鍋に戻して温め、味をみて塩を入れる。

いつものうちの おつまみです

実は私はお酒がけっこういける口なんです。次の日が何もない日だったりすると、冷蔵庫からちょこっと何かを見つくろってとりあえずビールで、あとはワインというのがいつものコース。ＤＶＤを見ながらぼやーっとするのが最高に贅沢な時間です。お酒を飲むとそれまでフル回転していた脳が急にスローモードになって心が落ち着きます。子どももいるので外には行きません。おうちでまったり。主人とだったり、親戚とだったり、友達とだったり、一人だったり。どの時間も私には欠かすことのできない大切なひとときです。

クリームチーズとプチトマト
生ハムといちじく

野菜チップス

ピーナッツみそ

紅しょうが

生ハムといちじく

人が集まって飲むときはあんまり難しいおつまみはやめて、とりあえずは買っておいた生ハムとフルーツを。切って出すだけなので楽チンですが、取合せがいいから喜ばれます。いちじく以外では定番のメロン、マンゴー、すこーしやわらかくなった柿、桃、あとはりんごのたいたんですね。フルーツがなければドライフルーツを添えて。とりあえず待たせない、ぱっと出す、が原則です。

〈材料4人分と作り方〉
いちじく4個はきれいに洗って、大きければ$\frac{1}{4}$に、小さければ$\frac{1}{2}$に切って、生ハム4枚を食べやすい大きさに手で裂いてのせる。

クリームチーズとプチトマト

これもさっと作れてぱっと出せる私の定番おつまみです。おしょうゆ味なので日本酒でもいけますよ。

〈材料4人分と作り方〉
プチトマト16個は洗ってへたを取り、半分に切り、クリームチーズ50gは1㎝角にカットする。ボウルに入れ、糸がつお少々と濃口しょうゆ小さじ1を加え混ぜる。仕上げに糸がつおを盛る。または青じそ1枚をせん切りにして水に放して絞ったものを飾る。

野菜チップス

この野菜チップスはおつまみとしてだけでなく子どものおやつによく作ります。蓮根は特に水分が抜けて小さくなるので、大きいままスライスするのがこつ。栗やくわいもおいしくできますよ。

〈材料　４人分〉
蓮根　７㎝
さつまいも　1/2本
かぼちゃ　1/10個
揚げ油　適量
塩　少々

〈作り方〉
① 野菜は洗って、蓮根とさつまいもは皮つきのままスライサーでスライスして水にとり、ざるに上げておく。かぼちゃも皮つきのままスライサーでスライスする(水にとらない)。
② ①の材料の水気をキッチンペーパーできれいに取って、素材ごとに１７０℃の油でかりっとするまで揚げる。仕上げに塩をふる。

ピーナッツみそ

昔どこかの郷土料理の豆みその記事を読んだことがあり、どんなものだろうと想像を膨らませて作ってみたのがこれです。本物とはかなり違うものなのでしょうけれど、私はしょうがをきかせたこれをぺろぺろかりかりやりながら、とろりとした日本酒を飲むのが好きです。長もちするので冷蔵庫から時々出してぺろぺろして、余ったら肉みそに入れてもおいしいですよ。

〈材料　作りやすい分量〉
ピーナッツ(皮なし)　１００ｇ
田舎みそ　１００ｇ
みりん　大さじ３
きび砂糖　大さじ４
しょうが　１かけ
ごま油　大さじ１

〈作り方〉
① 小鍋にごま油を入れ、粗く刻んだピーナッツを入れて弱火で軽く炒める。
② 香ばしいにおいがしてきたらみそ、みりん、砂糖、すりおろしたしょうがを入れて、絶えず木べらで混ぜながら色が茶色くなるまで10分ほど煮つめる。冷まして瓶などに詰めて冷蔵庫に入れておく。

紅しょうが

卵焼きを焼いたとき、焼きそばを作ったとき、紅しょうがが本物だとすごく上等な感じがします。とても簡単なので新しょうがの時季にちょこっと作って、こんなふうにおつまみにも使ってください。パンチのきいた風味がお酒を呼びますよ。

〈材料　作りやすい分量〉
新しょうが　６００ｇ
塩　60ｇ
酢　大さじ１
梅酢　６００㎖
きび砂糖　大さじ３

〈作り方〉
① 新しょうがは節を切り離して隅々までよく洗い、キッチンペーパーで水気をよくふいて塩と酢とともにビニール袋に入れる。全体に塩をまぶしつけてから袋の空気を抜いて口を縛り、そのまま冷蔵庫に一晩おく。
② 清潔な瓶に梅酢ときび砂糖を入れてよく混ぜる。そこに①のしょうがをビニール袋から取り出してキッチンペーパーできれいに水気をふいてから入れて、冷蔵庫で保管。１週間ぐらいで食べられる。

● 新しょうがは②の時点でスライスしてから漬けてもいい。

ご飯にも旬があります

子どもがよく「ママ。食べ物で何がいちばん好き？」とききます。私は必ず「ご飯」と答えます。おいしく炊けたご飯は本当に何よりのごちそうですよね。今はご飯好きの方のためにご飯用の土鍋やものすごく高級な炊飯ジャーもあり、お米も白米のみならずスーパーに行くだけで玄米から古代米までいろいろなものが買えるようになりました。おまけにお惣菜コーナーでは炊けたご飯やおすしや炊込みご飯までそろっています。でもおうちで作る炊込みご飯やおすしはやっぱりちょっと特別な気がします。お誕生日にはお赤飯。氏神様のお祭りにはさばずし。お雛様にはちらしずし。お人さんが多めに見えるときには、炊込みご飯とおつゆがあればなんとかなるもんです。季節を感じるご飯が炊き上がるのを合図に、みんなで一緒に「いただきまーす！」「はーい、よろしゅうおあがりやす」

春

桜えびご飯

夏
しょうがご飯
コーンご飯

桜えびご飯

桜えびは便利な素材で、料理の味をみて「うーん、だし気が足らんかなぁ」ってときにちょっと入れるとぐんと風味が増して、なにかと重宝します。いつもは脇役の桜えびですが、これは桜えびのうまみを存分に生かした料理です。桜えびからいいおだしが出て、炊上りの香りがたまりません。青じそは忘れずに入れてくださいね。

〈材料　4人分〉

米　2合
桜えび(乾燥)　15g
いりごま　大さじ1
酒　大さじ2
塩　小さじ1½
ごま油　小さじ2
青じそ　5枚

〈作り方〉

① 米はといで普通の水加減にして30分おき、いりごま、酒、塩、桜えび、ごま油を入れて普通に炊く。
② 炊き上がったら仕上げに青じそのせん切りを入れて全体を軽く混ぜる。

しょうがご飯

新しょうがが出回るころは紅しょうがや梅仕事やらでなにかと忙しい時期ですが、紅しょうが用の新しょうがを少しとっておいて作るこのご飯はその時だけのひそかなお楽しみです。夏に向かう季節にこのご飯をいただくと気持ちがしゃきっとして、「さぁ、暑い夏もがんばるぞー」って気になるから不思議です。

〈材料　4人分〉

米　2合
新しょうが　50g
油揚げ　⅓枚(50g)
だし　400mℓ
酒　大さじ1
うす口しょうゆ　小さじ2
塩　小さじ½

〈作り方〉

① 米は炊く30分前にといで、ざるに上げておく。
② 新しょうがは洗って皮をむき、せん切りにして水に放す。飾り用に少しとっておく。
③ 油揚げはせん切りにする。
④ 炊飯器に米、しょうが、油揚げ、だし、酒、うす口しょうゆ、塩を入れて普通に炊く。
⑤ 炊けたら全体を混ぜ、飾り用のしょうがをのせる。

コーンご飯

これは私の仕事を一時期手伝ってくれていた若いお嬢さんが、おばあさまに作ってもらっていたというご飯です。初めは粒のまま炊いていたのですが、どうもご飯となじみが悪いので刻んでみたら……。コーンの甘みがご飯に移って子どもたちの評判も上々でした。お料理上手なお嬢さんのおばあさまに大感謝です。

〈材料　4人分〉

米　2合
とうもろこし　1本
酒　大さじ2
塩　小さじ2

〈作り方〉

① 米はといで炊飯器に入れ、普通の水加減にして30分おく。
② とうもろこしは皮とひげを取り、4等分にしてまな板の上で実だけをそぎ落とし、実を粗く刻む。
③ ①に②と酒、塩を加えてざっと混ぜ、普通に炊く。

切干し大根ご飯

写真84ページ

昔から私は切干し大根のたいたんが大好きでした。大きなお鉢にだしをたっぷり含んでとろりと炊けた切干し大根があると、うれしくてご飯を何杯もお替わりしました。「ご飯と切干しって合うなぁ」「そや、炊込みご飯や！」「これで別々に食べんですむわ」と思って作ったらまた違うおいしさを発見しました。これだから料理ってやめられない。本当におもしろいです。

〈材料　4人分〉

米　2合
切干し大根　15g
油揚げ　5cm幅(30g)
だし　440㎖
酒　大さじ2
塩　小さじ½
うす口しょうゆ　小さじ2
ごま油　小さじ1

〈作り方〉

① 米は炊く30分前にといで、ざるに上げておく。
② 切干し大根はさっと洗って水で10分ほどもどして、もう一度洗って水気をぎゅっと絞って2cm長さに切る。油揚げは横半分に切ってせん切りにする。
③ 炊飯器に米、だし、②の切干し大根と油揚げ、酒、塩、うす口しょうゆを入れて普通に炊く。
④ 炊上りにごま油と塩少々（分量外）を入れて全体を混ぜる。あれば大根の葉を刻んでのせる。

秋
さばずし
切干し大根ご飯

冬

じゃことすぐきの混ぜご飯

蒸しずし

さばずし

京都では秋の氏神さんのお祭りには必ずさばずしを作ります。祖母も例外ではなく、朝から張り切ってものすごい量のすし飯を用意して、ふきんで形を整え、仕込んでおいたしめさばをなじませて、あっという間に二十本ほどの立派なさばずしを作っていました。親類縁者、訪れる人皆に一本ずつ半紙で包んで持たせるときの祖母のうれしそうな顔が心に残っています。家の味ってこうしてできていくんだなぁ、と自分がさばずしを作る側になってつくづく思います。

〈材料　1本分〉
生さば（新鮮なものを三枚におろしたもの）　半身
塩　適量
〈さばの漬け酢〉
米酢　100mℓ
きび砂糖　大さじ2
うす口しょうゆ　大さじ1
米　1合
水　210mℓ
昆布　3cm
〈すし酢〉
米酢　大さじ2
砂糖　大さじ1強
塩　小さじ1/3
木の芽　適量

〈作り方〉
① さばは両面に白くなるほどたっぷりと塩をして、常温で3時間ほどおく。冷蔵庫におくときは時間を長くする。
● 塩が薄いと生臭くなるので、塩はたっぷりふる。
● あまり長くおくと塩辛くなりすぎるので注意する。
● バットを少し傾けて、出てきた水に魚がつからないようにする。
② ①のさばを酢水（冷たい水500mℓに酢大さじ1を入れたもの。分量外）に入れて、塩をさっと洗い、キッチンペーパーで水気をふく。腹骨をすき取り、小骨を抜いてからバットに入れて、合わせておいた漬け酢をかけて冷蔵庫で3時間くらいおく。途中裏返して、両面が酢にうまく漬かるようにする。
● 漬け酢はよく混ぜておくほうがいいが、砂糖を溶かすために沸かしたりしないこと。少しくらいざらざらしていても大丈夫。
③ すし飯を作る。米はといでざるに上げ、炊飯器に分量の水と昆布とともに入れて炊き、すし酢を回しかけて混ぜながら冷ます。冷めたら長方形ににぎっておく。
④ ②のしめさばを取り出し、キッチンペーパーで水気をふいて皮を頭のほうからはぎ取り、ラップフィルムの上に皮側を下にして置き、その上に木の芽を置いてから③のすし飯をのせる。
⑤ ラップフィルムを引っ張りながらご飯とさばをしめるようにぎゅーっと形を整えて、そのままラップフィルムを巻いて、涼しいところで半日以上おく。
⑥ 食べやすいように皮目に細かく格子の飾り包丁を入れてから、2.5cm幅に切り分ける。

じゃことすぐきの混ぜご飯

京都はご存じのとおり、お漬物が有名ですが、冬場に出回るすぐき漬けは独特の風味があって本当においしいものです。今回は、年中手に入るすぐきの古漬けを刻んだものを使いました。じゃこと一緒にご飯に混ぜるだけなのに、お酒の後のしめにもばっちり、おにぎりにしてもおいしいです。

〈材料4人分と作り方〉
温かいご飯茶碗4杯分に刻みすぐき漬け大さじ4とちりめんじゃこ大さじ3を混ぜる。茶碗に盛って、いりごまをあしらう。

蒸しずし

冬になると京都では蒸しずしを食べさせてくれるおすし屋さんがけっこうあります。寒い時季に凍えながら店に入って、目の前に運ばれた湯気の立つ小丼のふたを開けるとき、その温かさ自体がすごくご馳走に思えます。あつあつに蒸すので生ものは入れません。代りにすし飯に気合いが入っています。

〈材料　4人分〉
干ししいたけ　10g
かんぴょう　10g
　だし　100mℓ
　酒　大さじ2
　きび砂糖　大さじ2
　濃口しょうゆ　大さじ1
卵　4個
　だし　80mℓ
　塩　小さじ1
　かたくり粉　大さじ1
車えび　4尾
焼きのり　1枚
木の芽　適量
米　2合
水　400mℓ
昆布　3cm
〈すし酢〉
米酢　大さじ5
砂糖　大さじ3
塩　小さじ1

〈作り方〉
① 米はといでざるに上げ、炊飯器に分量の水と昆布とともに入れて炊く。
② ①が炊き上がったら、すし酢の調味料を合わせて電子レンジで軽く温めて砂糖を溶かしたものを全体にふり混ぜて、扇風機などで手早く冷ます。
③ 干ししいたけはもどして軸を切り落としてからみじん切りに。かんぴょうはさっと洗い、塩(分量外)でもみ、弾力が出たら塩を洗い流し、やわらかくなるまで15分ほどゆでる。その後、水をきり、みじん切りにする。
④ みじん切りにしたしいたけとかんぴょうとだしを鍋に入れて火にかけ、沸いたら弱火にして酒、砂糖を入れて5分炊いてから、濃口しょうゆを入れて汁気がなくなるまで煮つめる。
⑤ 卵は割りほぐしてだしと塩、かたくり粉を入れ、卵焼き器で薄焼き卵を作り、重ねて丸めて細く切り、錦糸卵を作っておく。
⑥ 車えびは頭と背わたを取り、湯に塩少々と酒少々(ともに分量外)を入れたものでさっとゆでる。そのまま冷ましたら引き上げて殻をむく。
⑦ ②のすし飯に汁気をきった④と細かくもんだのりを加えて混ぜる。
⑧ 器に⑦のすし飯を盛り、錦糸卵、えびをのせて、蒸し器で約8分蒸す。仕上げに木の芽を飾る。

◎ 干ししいたけとかんぴょうは早めに炊いておいたほうが、味がなじんでおいしくなる。

大豆のチリコンカン

五目豆
大豆のサラダ
作り方94ページ

お豆さんはえらいっ！

お豆っておいしいですよね。特に女性はお豆が好きな方が多い。うちの三歳の娘でもお豆には目がないです。昔のお母さんたちは豆名人が多かったですね。私の忘れられない豆の味は、昔何度かお邪魔した知人のお母さんが炊かはる花豆。これが一等賞です。中央市場の乾物問屋さんの奥さまで、その方の花豆は死ぬほどおいしかった。聞けば、一週間かけて炊かはるそうです。ぷっくりとふくれてつやつやに煮上げられたお豆さんは他のどんなご馳走よりも幸せを呼ぶ味がしました。私もそんな豆名人を目指しています。もう少し年齢が必要かなぁ。

ゆでたて豆

スーパーに行けば大豆は水煮のパックや缶詰がいろいろと売られています。時間がないと「まぁええわ」とついつい手が伸びそうになるのですが、やっぱりおうちでゆでるとおいしいですし、ゆでているときの香りも、ゆで上りを確認するために何度もつまむお豆の味もご馳走です。なにより自分で豆をちゃんとゆでているという満足感があります。家の料理って手を抜くと味以前になんだか後ろめたい気持ちになって、作ったり食べたりが楽しめなくなることってありませんか？　なのですっごく忙しいときに豆を炊いたりすると逆に落ち着くんですよね。不思議な豆効果です。一度にたくさんゆでて小分けにして、ゆで汁ごと冷凍しておくと便利です。

〈豆のもどし方〉

A　豆は洗って5倍の水につけ、一晩おく。

B　豆は洗って5倍の熱湯に入れて、1時間ほどおく。

〈豆のゆで方〉

AまたはBの方法で豆をもどし、豆が水を吸ってふっくらともどっていたら、つけ汁ごと火にかけて、沸いたらあくがたくさん出るので次々に取る。火を弱め、50分ほどかけて豆がやわらかくなるまでゆでる。途中ゆで汁が足りなくなったら、豆がゆで汁から出ない程度に差し水をする。

◎　豆はどんな豆でもゆで汁（煮汁）から出るとしわしわになってしまうので注意する。

◎　保存のときもゆで汁につけておく。

◎　豆はどんな豆でもぐらぐら沸かすと皮が破れてしまうので、あくを取ってからは必ず弱火でゆでる。

大豆のチリコンカン

ある日息子が学校から帰ってきて、「ママー、今日給食でキンコンカンコンが出たよ〜」って言うんです。「キンコンカンコン……？」献立表を見てみると、なんとチリコンカン！「そっか〜。おいしかった？」「うん。すごくおいしかった！」それからというもの家の豆料理の中ではダントツの人気メニューになりました。パンにも合うので朝のオムレツの付合せにもすごく重宝しています。レシピも献立表から拝借して少しアレンジしました。今の給食って食育にも配慮されていてすごくおいしいんですよ。同じ料理を作る人間として調理員さんにすごく感謝しています。

〈材料　4人分〉

ゆで大豆　2カップ
大豆のゆで汁　約150mℓ
牛ひき肉　100g
玉ねぎ　1個
にんじん　1/3本
セロリ　5cm
にんにく　1かけ
サラダ油　大さじ1
酒　大さじ1
トマトケチャップ　大さじ2
カレー粉　小さじ2
きび砂糖　小さじ2
濃口しょうゆ　小さじ2
塩、こしょう　各適量

〈作り方〉

① 玉ねぎは皮をむいて1cm角、にんじんは皮をむいて7mm角に切る。セロリは薄切り、にんにくはみじん切りにする。

② 厚手の鍋にサラダ油と①のにんにくを入れてから中火にかけ、にんにくの香りが立ったら牛ひき肉を入れて、塩、こしょうをして炒める。肉の色が変わったら①の玉ねぎ、にんじん、セロリを入れてしんなりするまで炒める。

③ ②にゆで大豆と大豆のゆで汁をひたひたまで加えて、酒、ケチャップ、カレー粉、きび砂糖、濃口しょうゆを入れて、ふたを半分ぐらいずらしてかけ、ふつふつするくらいの弱火で30分煮る。

五目豆

五目豆もおうちによって味が全然違いますよね。私自身も若いころは豚肉を入れたりして、もっとこってりとしたものが好みでした。でも最近では全くの精進でゆっくりじっくり煮るこのスタイルがお気に入りです。子どもたちはたぶん昔流のこってりが好きなのだろうけれど、私はこれを炊いては「おいしいわー」「あーおいし」と一人自画自賛。「そのうちわかるって〜、この味が」そう思いながら食べています。

〈材料　4人分〉

大豆　250g
こんにゃく（黒）　1/2枚
ごぼう　1/2本
蓮根　10cm
にんじん　1/2本
日高昆布　10cm
中ざら糖（黄ざらめ糖）　大さじ4
うす口しょうゆ　大さじ2

〈作り方〉

① 豆は洗って5倍の水につけてもどし、そのまま火にかけて沸いたら火を弱め、あくを取りながらやわらかくなるまでゆでる（右ページ参照）。途中、水が減って豆がゆで汁から出そうになったら差し水をする。

② こんにゃくは小さいスプーンで1cm角くらいになるようにちぎって、熱湯で2分ほどゆでてざるに上げておく。

③ ごぼうは洗って、蓮根とにんじんは皮をむいて、いずれも1cm角に切って水にとり、ざるに上げておく。日高昆布はさっと洗って1cm角にはさみで切っておく。

④ ①の鍋に②のこんにゃくと③のごぼう、蓮根、にんじん、日高昆布を入れて、ふたを半分ずらして弱火にかけ、昆布がとろりとやわらかくなるまで煮る。さらに中ざら糖を入れて15分、うす口しょうゆを入れて1時間、ごく弱火でつややかになるまで煮る。

金時豆甘煮

いろいろ豆スープ

赤飯

大豆のサラダ

写真89ページ

豆のサラダはドレッシングがなじみにくく、つるつるして食べにくいなぁ、といつも思てましたが、「そうや、つないだらええんや！」と考えついたのがこれです。じゃがいも以外にさつまいもやかぼちゃでもOKです。その場合はからしを抜いてくださいね。食感も大豆のコリコリ感とおいものねっとり感ときゅうりのショリショリ感がなかなかいい感じです。

〈材料　4人分〉
ゆで大豆（90ページ参照）　100g
じゃがいも　1個
きゅうり　1本
塩　小さじ½
マヨネーズ　大さじ2
溶きがらし　小さじ½

〈作り方〉
① じゃがいもは洗って皮をむき、6等分してゆでて、熱いうちにつぶしておく。
② きゅうりは洗って小口切りにして、塩で軽くもんで3分おき、軽く水気を絞る。
③ ボウルに①のじゃがいも、②のきゅうり、水気をきったゆで大豆、マヨネーズ、溶きがらしを入れて混ぜる。

金時豆甘煮

金時豆の甘煮は、どこにでも売っていて皆が大好きな料理なんですが、皮が破れずにぴかーっとしていて中までふんわりとやわらかくお味がしみているのを作るのは難しいんですよ。こつは味を煮含めるときにグラグラと豆を躍らせないこと。そして何度も炊いては冷ますことです。うまくいくとすごくうれしいので炊いてる間ずっと気になって、娘と二人で何度も味見をしているとでき上りの量がえらい減っててびっくりすることもあります。

〈材料　4人分〉
金時豆　1カップ
中ざら糖（黄ざらめ糖）　150g
塩　小さじ½

〈作り方〉
① 豆は洗って5倍の水につけて一晩おく。豆がふっくらともどったら、つけ汁のまま火にかけ、沸いたら3分ほどゆでて一度ゆでこぼしてあくを抜く。
② もう一度5倍の水を入れて火にかけ、沸いたらごく弱火にして、やわらかくなるまでゆでる。途中、豆がゆで汁から出そうになったら差し水をする。
③ 豆がやわらかくなったらひたひたまで煮汁を減らして中ざら糖を2回に分けて入れて、ふたを半分ずらしてかけ、1時間ほどごく弱火で煮る。豆がつやーっとなってきたら塩を加えて火を止め、そのまま冷ます。ここで食べてもいいが、次の日にまた30分ほどごく弱火で炊いて、また冷ますともっと味が中に入っていく。

いろいろ豆スープ

十数年前にイタリアに行った時に食べた白いんげんと麦のスープの味が忘れられず、自分流で作ったスープです。豆はいろいろな種類が入っていたほうがおいしいと思いますが、このスープのために少しずつ別々にゆでるのは大変なので、豆は一種類にしてショートパスタをゆでずに入れたり、玄米や麦、じゃがいもなどあるものを入れても充分おいしくできますよ。

〈材料　4人分〉

塩豚　180g
（「塩豚と小かぶのたいたん」16ページ参照）
白いんげん豆　50g
金時豆　50g
大豆　50g
にんじん、セロリ　各½本

玉ねぎ　大1個
トマト　大2個
にんにく　1かけ
塩　小さじ½
こしょう　少々
オリーブオイル　小さじ1

〈作り方〉

① 塩豚は5mm幅に切り、にんじんは1cm幅の輪切り、玉ねぎは8等分のくし形切り、セロリは7mm幅の小口切り、トマトは湯むきしてざく切りにする。

② 白いんげん豆と大豆はそれぞれ5倍の水につけて一晩もどしてから、火にかけてあくを取りながらやわらかくなるまでゆでる。金時豆も5倍の水に一晩つけてもどし、火にかけて沸いたら3分ゆでて一度ゆでこぼして、また新しい水を入れ、あくを取りながらやわらかくなるまでゆでる。

③ 厚手の鍋に①の塩豚とつぶしたにんにくを入れて弱火にかけ、豚の脂を充分に出す。脂が出たら火を強めて、①のにんじん、玉ねぎ、セロリを入れて炒めてから②の豆をすべて入れ、豆のゆで汁も材料がひたひたになる程度に入れる。沸いたらあくを取って①のトマトを入れて塩、こしょう、オリーブオイルも入れ、ふたを半分ずらしてかけ、40分ほど煮込む。

◎ この料理はつぶれた豆がとろみをつけてくれるので、豆の皮が破れていても気にせず火を強めてもいい。

赤飯

実家も嫁ぎ先も家族のお誕生日には赤飯を炊きます。実家はもち米を蒸して作りますが、大原家では私が作るので、簡単に炊飯器で炊いています。しかし赤飯は小豆のゆで加減がポイントで、かたすぎてもいけないし、やわらかすぎても炊上りに豆がつぶれてしまい、うまくいきません。そこが難しくて、試行錯誤の結果、毎回同じ仕上りにするために、保温ポットを使って作るようになりました。これがなかなか便利で、そのポットを使って毎回豆の量、もち米の量、重箱まで同じにしておくと、失敗なく作れるようになりました。火事になったらこれを持って逃げなくちゃ、と思てます。

〈材料　21cm角の重箱1個分〉

もち米　3合
小豆　½カップ

塩　小さじ1
いりごま(黒)　適量

〈作り方〉

① 小豆は洗って大きめの保温ポット(80～90℃以上で数時間保温できる魔法瓶など)に入れ、口いっぱいまで熱湯を注ぎ、ふたをして30分おく。

② ①のポットの中の小豆をざるに上げて湯をきり、再びポットに入れて上から熱湯をポットの口いっぱいまで入れてふたをして3時間ほどおく。豆が指ではさんで力を入れるとつぶれるくらいになったらざるに上げておく。つけ汁もとっておく。

③ もち米は洗ってざるに上げ、冷ました②のつけ汁に2時間つけておく。

④ 炊飯器に③のもち米を入れる。このときつけ汁も一緒におこわの水加減(米にひたひたの分量)まで入れてから②の小豆を入れて、塩を加えてざっと一混ぜして、あればおこわモードで、なければ普通に炊く。

⑤ 炊けたらすぐに重箱に移し、表面が乾いてかたくならないようにふたをはすかいにのせておく。冷めたらいりごまをふって、ふたをしておく。

◎ 赤飯は炊きたてよりも冷めてからのほうがおいしいので、前日に炊飯器に仕込んでおいて、朝に塩を入れて炊くと段取りがいい。

今日は一緒に ご飯作ろか

料理はとてもクリエイティブな作業です。その上、複数の作業を同時進行しなければならないので、それぞれのタイミングを計るための段取り力を養います。さらにでき上がった料理をみんなでおしゃべりをしながら食べることはコミュニケーション能力を高めます。

そして自分が作った料理を「おいしい」と人にほめられることで得られる満足感と社会に対する有用感はものすごく自信を高めます。

ここで書き連ねた料理を子どもに作らせることの効果は、今の教育に必要なことばかりではないかと思てます。大人になってとてつもなく困難な状況に出くわしたときにも、朝早く起きて、朝食をきちんと作ってきちんと食べる習慣が身についている人は心が自然と前を向く気がします。

私が今、子どもたちにしてやれることは、多くのものを買ってやることでも塾に行かせることでもなく、こうしてともにキッチンに立つこと。それが子どもたちの心の財産になってくれることを願って一緒に料理を作っています。

子どもの巻きずし

ひじきのかき揚げ
きゅうりポリポリ
おすましいろいろ

子どもの巻きずし

二番目の息子の好物は「ざるそば、てっさ、おすし」で、よく急に「おすし食べたい！」と言います。そんなときはお手てを洗って、残りご飯に合せ酢を混ぜて、うちわで冷まして巻きすを出して三人が順番におすしを巻いていきます。中身は私があり合せで用意して、すし飯をまんべんなくのせさせて、三歳の長女が巻くときにちょっとお手伝い。わあわあ言っているうちにでき上りです。ちょっと具が片寄ったりご飯が爆発したりするのもあるけど、これはこれで大ご馳走ですよね。

〈材料　作りやすい分量〉
焼きのり　5枚
ご飯　茶碗5杯
かまぼこ、きゅうり　各適量
卵　3個
　だし　50mℓ
　うす口しょうゆ　小さじ1
　砂糖　大さじ1
サラダ油　少々
〈合せ酢〉
米酢　大さじ3
砂糖　大さじ2
塩　小さじ½
昆布茶　小さじ⅛

〈作り方〉
① 合せ酢の材料をすべてボウルに入れてよく混ぜる。
② ご飯は冷めていれば電子レンジで温めて、熱いご飯に合せ酢をかけて、よく混ぜて冷ます。
③ かまぼこは5㎜角の棒状に切る。きゅうりも同じように切って軽く塩(分量外)をふっておく。
④ 卵焼きを作る。だし、うす口しょうゆ、砂糖はあらかじめ混ぜておく。ボウルに卵を割り入れて白身をほぐすように混ぜて、調味しただしを入れて混ぜる。卵焼き器を火にかけ、サラダ油をひいて卵液を⅓量入れて軽く混ぜながら火を通し、半熟状になったら半分に折る。またサラダ油を少し入れて卵液の⅓量を入れ、卵焼きの下にも卵液を流し入れて同じように焼く。残りも同じように焼き、最後はしっかり焼き固めて、そのまま冷ます。冷めたら断面が7㎜角になるように細長く切る。
⑤ 焼きのりを長いほうが半分の長さになるように切る。
⑥ 巻きすに⑤ののりをのせ、のりの向う側¼はスペースをあけて、すし飯を茶碗½量のせ、押さえつけないようにまんべんなくのばす。好みの具を置いて、具を中指で押さえながらくるっと巻いて、巻きすをしめながら両手でぎゅっと形を整える。
⑦ ぬれぶきんで包丁をふきながら食べやすい大きさに切る。

ひじきのかき揚げ

ひじきは鉄分もカルシウムも多く含まれているので大人も子どももとりたい食材ですが、たいたんはあんまり子どもがたくさんは食べてくれないので、かき揚げにしてみたら……大好評！

〈材料　2人分〉
ひじき　10g(もどして100g)
えんどう豆(さやつき)　100g(正味40g)
とうもろこし　¼本(100g)
さつまいも　⅓本(100g)
にんじん　¼本(30g)
えび(殻つき)　100g
小麦粉　大さじ3
揚げ油　適量

〈作り方〉
① ひじきは水でもどして、2〜3回水を替えて洗い、ざるに上げて水気をきっておく。
② えんどう豆はさやから出しておく。とうもろこしは実だけを包丁でそいでおく。
③ さつまいもは7㎜角に切り、水にとってざるに上げておく。にんじんは皮をむいて3㎝長さのマッチ棒状に切る。えびは殻と尾を取り除き、背わたを引き抜いてから1.5㎝幅に切る。
④ ①②③の材料をすべてボウルに入れ、小麦粉大さじ2をふり入れて全体にまぶし、残りの小麦粉を水30mℓ(分量外)で溶いて加え、混ぜる。
⑤ 170℃の油に④をスプーンでまとめながら入れ、揚がったら仕上げに塩(分量外)をふる。

きゅうりポリポリ

うちの次男の十八番料理です。今年の夏はきゅうりも家で作ったので、きゅうりを自分でもいできて塩で洗って……。全部まかせるってちょっとどきどきしますが、子どもにはすごい自信になるようです。いつも以上に生き生きと作っていました。

〈材料　4人分〉
きゅうり　3本
塩　小さじ1
〈甘酢〉
米酢　大さじ1
砂糖　大さじ1
うす口しょうゆ　大さじ1弱
ごま油　大さじ½
いりごま　大さじ1

〈作り方〉
① きゅうりは洗って両端を切り落とし、すりこぎでたたいて一口大に割っていく。
② ①のきゅうりと塩をボウルに入れ、混ぜて5分ほどおいて水を出す。
③ 甘酢の材料を合わせておき、②のきゅうりを両手でぎゅっと絞ってからあえる。
● うちは子どもが小さいのでこのレシピだけれど、鷹の爪、青じそ、しょうがなどお好みの香りをつけていただくとなおいしい。

おすましいろいろ

うちの子どもはおすましが大好きです。フーフーしてからシューッと飲んで「あーっ、しみるーっ」ですって……。長男が四歳のときにこう言ってくれたとき、すごくうれしかった。私の料理がこの子の体を作っている、と思いました。まだまだ好き嫌いもありますが、一日一日やっぱり食べることを大切にしていきたいと思います。

〈材料4人分と作り方〉
だし600㎖を鍋に入れて火にかけ、沸いたらうす口しょうゆ小さじ1½、塩小さじ¾で味をつける。もちふ(水につけてやわらかくなったら絞る)、生麩、ちくわ、三つ葉、万能ねぎ、ぶぶあられなど、好みの具を入れる。

ちょこっと甘ぃもん

甘ぃもんは女性には特にないとあかんもんです。食事の後もお茶のときもこれがないと始まりません。デパートに行くと「これは芸術作品！」としか思えないような洋菓子があふれていますし、京都では和菓子も生菓子から焼き菓子、干菓子とそれぞれすごくおいしく歴史のあるお店がたくさんあります。「ここのん、おいしいえ〜」と皆さん本当によく知ったはりますし、「へぇ〜、ほんまにおいしいわぁ」とお話も弾みます。でもまた違うスタイルで素朴な家庭の甘ぃもんが心を和ませることもあります。あまり難しく考えずに、簡単でしんみりとした味わいの和の甘ぃもん。ちょっとすてきだと思いませんか？

青梅煮

しっとり蒸しケーキ

青梅煮

青梅の時季になると私は毎年これを作ります。小さいころ、実家でお客さまにお出ししていたのですが、中にはつぶれてしまうものがあり、それをもらうのが楽しみで大きなお鍋に青梅がいっぱい炊かれているのを見ると「つぶれたんないかなぁ」と何度ものぞきに行っていました。私の子どもたちも好物で、食後に冷蔵庫から保存瓶を出してスプーンですくって食べている姿を見ると少し懐かしいような気持ちがします。

〈材料　作りやすい分量〉

青梅　1kg　砂糖　500g　塩　大さじ2

〈作り方〉

① 青梅は洗ってへたを竹串で取り、針で皮全体を種にあたるまで刺す(1個につき60か所くらい)。

② 青梅をほうろうかステンレスの鍋に入れ、水をかぶるくらい入れて塩を入れ、清潔なガーゼを落しぶたの代りにのせて弱火にかける。

③ 決して沸かさないようにしながら10分くらいゆるゆると梅をゆでる。

④ ③をガーゼをのせたままゆるゆるの水に5時間ほどさらす(大きな鍋で数回水を替えてもいい)。

⑤ 水を止めてガーゼを取り、広口の鍋に梅を手でそーっとすくって移す。このときなるべく重ならないほうがいい。

⑥ ⑤の梅の上に砂糖の½量を入れて3時間ほどおき、砂糖があらかた梅になじんだら弱火にかける。

⑦ 砂糖がとけてきたら残りの砂糖も入れ、あくをすくいながら沸かさないように10分ほど煮てそのまま冷まし、きれいな容器に移し替えて冷蔵庫に入れる。1週間後からおいしく食べられ、冷蔵庫で夏まで保存できる。

● シロップは水やソーダで割って飲む。

● あくはすくいにくいので、アルミフォイルをしわしわにしてから広げたものをのせるときれいに取れる。

しっとり蒸しケーキ

この蒸しケーキは生地の中に白あんがたっぷり入っているので独特のしっとり感が出てとてもおいしいケーキです。二、三日は大丈夫なので手土産にも喜ばれます。豆はお好みのものを。栗でもおいしいです。

〈材料　15×13×4cmの流しかん1個分〉

白あん　250g　塩　少々

卵　2個　上新粉　15g

和三盆　15g　薄力粉　15g

グラニュー糖　20g　甘納豆　適量

〈作り方〉

① 上新粉、薄力粉は合わせてふるっておく。

② 流しかんにオーブンシートを敷いておく。

③ ボウルに白あんと卵黄を入れて練り混ぜる。なめらかになったら和三盆、グラニュー糖の½量、塩を入れて混ぜ、①の粉も入れて混ぜる。

④ 別のボウルに卵白を入れ、残りのグラニュー糖を2回に分けて加えながら八分立てに泡立てる。

⑤ ④のボウルに③を2回に分けて混ぜ入れる。

⑥ ②の型に⑤の½量を流し入れ、甘納豆を適当に散らす。残りの生地を流し入れ、表面をならしてトントンと型をたたいて気泡を抜く。上にも甘納豆を散らす。

⑦ 湯気の立った蒸し器に⑥を入れ、ふきんをかけてふたをし、強火で7分、続いて中火で20分ふっくらと蒸す。

⑧ 蒸し上がったら型からはずし、ぬれぶきんをかけて完全に冷ます。

● 底の中央までしっかり蒸せているか、型からはずしたときに底を押さえて見てみること。まだふにゃっとしていたら、もう一度しっかりと火を通す。

柚子くず湯

くず湯は小さいころ、風邪を引いたりおなかをこわしたりしたときに必ず作ってもらった思い出の食べ物です。いつもより少し優しい母が作ってくれたくず湯はそんなに甘くないのに、とてもあまーくおいしく感じました。今でもくず湯を作るとそのころのことを思い出して気持ちが優しくなる気がします。

〈材料2杯分と作り方〉
ボウルにくず粉15 gと水200㎖を入れ、よく混ぜて一度こし、小鍋に入れて、砂糖大さじ2と柚子のしぼり汁大さじ1を入れて中火にかける。絶えず混ぜながら全体が透明になってふつふつと沸いてきたら30秒ほど練り混ぜて火を止め、カップに入れて柚子の皮のせん切りを飾る。

山の味のレシピ

地山焼き

写真49ページ

秋の恵みにただ塩をふって焼くだけの山のバーベキューです。精進ですが炭で焼くことによって引き出される素材のうまみにびっくりすること間違いなしです。


〈材料〉

まつたけ、ひらたけ、しめじ、なす、小芋、万願寺とうがらし(赤、緑) 各適量

〈下準備〜食べ方〉

まつたけ……流水で洗う。特にかさの上には落ち葉などがついているので、指の腹でこすりながら洗う。水につけておかない。かさの開いたものは軸とかさに切り分けて、かさの裏もごみがはさまっていないかよく見る。石づきのかたいところはそぎ落としておく。太い軸は縦半分に切っておく。焼上りに手で裂きやすいように少し切れ目を入れておくといい。焼く直前に塩をまぶしつけるようにふる。かさの裏から焼いて少ししんなりしてきたら裏返してよく焼く。このときにまつたけからあふれるお汁をこぼさないように皿に移し、柚子をぎゅっとしぼって、手で裂いて食べる。

ひらたけ、しめじ……栽培物は石づきだけを切り落とし、さっと水にくぐらせてざるに上げておく。塩をふりながら焼く。焼けたらおろしぽん酢か柚子をしぼって食べる。

なす……洗ってそのまま焼く。焼けたら水につけずに皮をむいて、へたを切り取り、手で裂いてしょうがじょうゆであえる。

小芋……洗って塩をまぶしつけ、そのまま焼く。焼けたら皮をむいて食べる。

万願寺とうがらし……洗って塩をふって焼く。そのまま食べる。赤は緑の熟したものなので、生のまま食べても甘くておいしい。

焼きたけのこ

写真50ページ

私の育った花背ではたけのこと一口に言っても笹竹、淡竹《はちく》、姫竹、真竹などいろいろなたけのこが手に入り、そのいずれもがそれぞれの味わいで春を感じさせてくれます。でもやっぱり京都塚原の孟宗竹は別格で、白く甘くやわらかなおいしさは皆を夢中にさせますね。ぜひそのおいしさをこのレシピでシンプルに味わってみてください。

〈材料　4人分〉
たけのこ　小ぶりのもの2本
米ぬか　ひとつかみ
鷹の爪　2本
塩　適量
〈木の芽ソース〉
木の芽　1パック
白みそ　大さじ1½
みりん　大さじ1

〈作り方〉
① 鍋にたっぷりの水と米ぬか、鷹の爪、先端2〜3cmを斜めに切って皮に1本切れ目を入れたたけのこを入れ、45分〜1時間半、やわらかくなるまで煮てそのまま冷ます。
② 皮をむいたたけのこを食べやすい大きさに切り、水気をキッチンペーパーできれいにふき取る。
③ ②のたけのこに金串を刺し、軽く塩をふり、こんろのじか火で軽く焦げ目をつけるように焼く。
④ 木の芽はすり鉢ですりつぶし、白みそ、みりんを入れてなめらかになるまで溶きのばす。木の芽が大きいときは葉の部分だけ使う。

⑤ ③のたけのこを器に盛り、④のソースを添える。

山菜てんぷら

写真50ページ

春の山のご馳走といえば必ずこれです。あく抜きが面倒に思える山菜も、てんぷらならば簡単です。春の苦みは体を目覚めさせます。最近はスーパーでも手に入るようになってきましたので、春に一度は食卓に登場させて、季節のお味を楽しんでみてください。

〈材料〉
ふきのとう、こごみ、たらの芽、三つ葉、ホワイトアスパラガス　各適量
揚げ油　適量
塩　適量
〈衣〉
小麦粉　40g
冷水　50㎖

〈作り方〉
① ふきのとうは表の葉が汚れれば取り除き、軸のところを少し切る。
② こごみはさっと洗って、軸のかたいところだけを切る。
③ たらの芽は外のかたい皮を取って洗う。
④ 三つ葉は軸のところをくるくる巻いてくくる。
⑤ アスパラガスははかまを取って、かたいところだけを切り、下半分ほどはピーラーで皮をむく。
⑥ 油を熱し、170℃ぐらいになったら材料に薄く小麦粉(分量外)をふり、小麦粉を冷水で軽く溶いた衣をつけて揚げていく。仕上げに塩をふる。

小鮎のてんぷら

写真52ページ

京都は六月の鮎の解禁に合わせてお料理屋さんの焼き物がいっぺんに鮎に替わります。鮎は香魚ともいわれ、その薫り高い味わいは本当に贅沢な夏のご馳走です。でも普通の家庭では生きた鮎を求めることも、躍り串を打つことも、備長炭で焼くこともなかなか大変なことなので、私はこんなふうに鮎のてんぷらをしょっちゅうします。京都の小鮎はだいたいが琵琶湖産です。琵琶湖に泳ぎに行くと、きらきらとおなかをきらめかせていっぱい泳いでいます。でも「おいしそう……」というまなざしがわかるのか、ものすごい速さで逃げますよ。

〈材料　4人分〉
小鮎　1パック(約15尾)
揚げ油　適量
塩　適量
すだち　1個
〈衣〉
小麦粉　大さじ3
冷水　90㎖

〈作り方〉
① 小鮎はさっと洗ってざるに上げ、キッチンペーパーで水気をふいてボウルに入れ、薄く小麦粉(分量外)をふる。
② 小麦粉を冷水で溶いて衣を作り、①の小鮎をくぐらせて170℃の油で揚げる。
③ 仕上げに塩をふり、すだちをしぼって丸ごといただく。

小芋の衣かつぎ

写真52ページ

夏の暑い時季に、少し早い今年一番の新小芋が出たら作ります。蒸すだけで衣(服)がするりと取れて、ビールにうれしいおつまみのでき上りです。

〈材料　4人分〉
小芋　20個
塩　小さじ2

〈作り方〉
小芋はよく洗って下の部分を5㎜ほど切り落とし、塩を全体にまぶしつけて湯気の上がった蒸し器で15分蒸す。食べるときに皮の部分をつまみ取る。

枝豆の塩ゆで

写真52ページ

京都ではこんな普通の枝豆と黒豆の枝豆が普通のスーパーでも枝つきで売っています。はさみで切りながら粒の大きさを吟味。六月ごろの早い豆はまだやせていて、七月後半からお盆のころには段々に丸々と太ってきます。それによってゆで時間を加減。ちょうどにゆだったらお豆も私の機嫌もほくほくです。

〈材料　4人分〉
枝豆(枝からはずして)　200g
もみ塩　小さじ2
ふり塩　小さじ1

〈作り方〉
① 枝豆は洗って両端をはさみで切り落とし、塩でもんで産毛を落とす。
② 沸かしたお湯に①をそのまま入れて、5分ほどゆでてざるに上げる。熱いうちにふり塩をする。

鶏とまつたけのすきやき

写真55ページ

小さいときの来客時のご馳走は決まって地鶏のすきやきでした。自宅で飼っていた鶏をおじいちゃんが絞めておばあちゃんがさばいていました。首をへし折ってから切り落とし、軒先にさかさまにぶら下げて血を抜いて、羽根をむしって残った産毛をたき火で焼いてさばきます。今こうして書いてみると残酷ですが、その時は「かわいそうだけどおいしそう」でした。内臓の煮込みも骨のスープも残さず食べました。「残したら冥加が悪い」と心から思いましたから。

〈材料〉
鶏もも肉(あれば地鶏＋鶏もつ)　適量
九条ねぎ(長ねぎでもいい)、まつたけ、糸こんにゃく(白)、ごぼう(ささがき)、春菊など　各適量
砂糖、うす口しょうゆ　各適量

〈作り方〉
① 鶏肉は7㎜幅のそぎ切りに、ねぎは1㎝幅の斜め切り、まつたけは洗って食べやすい大きさに手で裂く。糸こんにゃくは洗って適当な長さに切り、2分ほど熱湯でゆでる。春菊も洗って半分に切っておく。
② すきやき鍋を火にかけ、温まったら鶏の脂をこすりつけて、脂を回し、鶏肉、ねぎ、ごぼう、糸こんにゃく、まつたけの順に入れて、砂糖とうす口しょうゆを回しかけて材料に火が通るまで煮る。最後に春菊を入れる。

ぶり大根

写真57ページ

このぶり大根も冬の代表的なおかずです。山では正月前にぶりを一匹買い求め、雪の中に埋めて保存します。最初はお刺身、次は照焼きや柚庵焼き、かぶらずし、いろいろに使って最後に残ったあらがこのぶり大根になります。骨まで食べられるくらいに炊いたぶりは脂がのってとろりとやわらかく、大根もあめ色に炊き上げられ、本当においしかった。煮汁もご飯にかけてぶり一匹完食！　むだのない美しい食べ方に、命をもらって自分たちが生きていることへの感謝の気持ちを感じられる料理です。

〈材料　4人分〉

ぶりのあら　４００g
塩　大さじ2
丸大根　¼個（約７００g）
だし　６００mℓ
酒　大さじ3
きび砂糖　大さじ2
濃口しょうゆ　大さじ3
柚子の皮（せん切り）　適量

〈作り方〉

① ぶりのあらは大きめの一口大に切って、塩をふり、ざるに入れて10分ほどおく。たっぷりの湯で表面が白くなるまでゆでて、ざるに上げる。

② 丸大根は3cmの厚さに切り、厚く皮をむいて半分に切って、米のとぎ汁で竹串がすっと通るまでゆでて、水で洗っておく。

③ 鍋に②の大根と①のぶりとだしを入れて、強火にかける。沸いたらあくを取り、火を中火に落として、酒ときび砂糖を入れ、5分ほど煮てから濃口しょうゆを入れて味をみる。よければ落しぶたをして20分ほどそのままの火加減で煮る。途中あくが出れば取る。

④ 大根がおいしそうに色づいてくればでき上り。仕上げに柚子の皮のせん切りをのせる。

かす汁

写真57ページ

私が小さかったころ、花背は雪が多く、とても寒い所でした。片道四キロの通学が晴れた日はとても楽しかったのですが、ふぶくような日はとてもつらくて、長靴の中にも雪が入り、足が凍えるように冷たくなって、家のあかりが見えるとほっとしました。その上、こんなふうな汁物が炊いてあって湯気が上がっていると本当に安心しましたし、鮭のあらでも身も心も温まる大ご馳走に思いました。

〈材料　4人分〉

塩鮭のあら　１５０g
大根　７cm
にんじん　３cm
こんにゃく　⅙枚
油揚げ　¼枚
だし　６００mℓ
酒かす　50g
白みそ　大さじ2
青ねぎ　少々

〈作り方〉

① 大根は皮をむいていちょう切り、にんじんは皮をむいて短冊切り、こんにゃくは短冊に切って下ゆで、油揚げは細切りにしておく。

② 鍋にだしを入れ、①の材料と鮭のあらを入れて煮る。途中あくを取りながら材料に火を通す。

③ 酒かすは、細かくちぎって耐熱容器に入れ、ひたひたの水を加えて、５００Wの電子レンジで2分加熱し、やわらかくする。様子を見て、泡立て器で細かくするかブレンダーでなめらかにしておく。

④ ②の鍋にみそこしを通して③の酒かすを入れて、白みそも入れて味をみる。塩気が足りなければ塩（分量外）で味を調える。

⑤ 仕上げに小口切りにした青ねぎを散らす。

きょうもどこかで……

この本の副題「よろしゅうおあがり」とは、京都の人が誰かに「いただきます」「ごちそうさま」と言ってもらったときや、食事中の方に声をかけるときにつかう言葉です。標準語に訳すと「楽しくおいしく食べてください」といったような意味になるのでしょうか。京都でも今の若い方はあまりおつかいやないとは思いますが、私はこの言葉の持つニュアンスがとても好きで、今回この本を作るにあたり心に自然に浮かんできたのが、この「よろしゅうおあがり」でした。

質素なものでも豪華なものでも食事に心をこめる京都人の気質が表われていて、それでいて「どうや！おいしいやろ！」といった挑戦的なところがなく、料理とは優しい気持ちで人のことを思って作るもの、そんな戒めが、この言葉には含まれているように思います。

私はいやなことやつらいことがあったらキッチンに立って料理を作ります。すると自然に心が落ち着いて、もやもやがすーっと引いていきます。そしてまたきょうも「よろしゅうおあがり」、そうして「日々是好日」です。

最後になりましたが、この本をお手にとってくださった読者の皆さま、そしてこんな私を奮い立たせ、支え、この本の完成に心血を注いでくださったスタッフの皆さまに心からお礼申し上げます。本当にありがとうございました。

大原千鶴　おおはら・ちづる

奥京都、花背の料理旅館「美山荘」の次女として生まれ、山川の自然に囲まれて育つ。小学四年生のころから二十人分のまかない料理を担当するなど、料理の五感を磨く。現在は中京区に在住、二男一女の母。ケータリングや料理研究家として活躍中。

器協力　満平窯（北嶋博志）
長野県伊那市富県北新3482　電話0265-78-4134

撮影　邑口京一郎
企画、編集　小野藤子
ブックデザイン　若山嘉代子 L'espace

京都のごはん　よろしゅうおあがり

2008年11月3日　第1刷発行

著者　大原千鶴
発行者　大沼　淳
発行所　文化出版局
〒151-8524 東京都渋谷区代々木3-22-7
電話 03-3299-2479（編集）
03-3299-2540（営業）
印刷所　共同印刷株式会社
製本所　大口製本印刷株式会社

お近くに書店がない場合、読者専用注文センターへ　フリーダイヤル　0120-463-464
ホームページ http://books.bunka.ac.jp/